Billy
[Les jours de hurlement]
est le cent cinquante-sixième ouvrage
publié chez
Dramaturges Éditeurs

Dramaturges Éditeurs
4740, rue Adam
Montréal (Québec) H1V 1V5
Téléphone : 514 527-7226
Courriel : info@dramaturges.qc.ca
Site internet : www.dramaturges.qc.ca

Dramaturges Éditeurs choisit de respecter l'auteur dans sa façon de transcrire l'oralité.

Mise en pages et maquette de la couverture : Yvan Bienvenue
Correction des épreuves : Daniel Gauthier et Monique Forest

Nous remercions le Conseil des arts du Canada de l'aide accordée à notre programme de publication.
Nous remercions aussi la Sodec.

Dépôt légal : deuxième trimestre 2012
Bibliothèque et Archives nationales du Québec
Bibliothèque nationale du Canada

ISBN 978-2-89637-055-9

Fabien Cloutier

BILLY
[Les jours de hurlement]

Dramaturges Éditeurs

La première représentation publique de *Billy [Les jours de hurlement]* a eu lieu le 30 avril 2012, au théâtre La Licorne, à Montréal.

Distribution :
LA MÈRE D'ALICE : Catherine Larochelle
LE PÈRE DE BILLY : Guillaume Cyr
LA MADAME : Louise Bombardier

Mise en scène : Sylvain Bélanger
Assistance à la mise en scène et régie : Catherine La Frenière
Scénographie : Évelyne Paquette
Costumes : Marc Sénécal
Éclairages : Erwann Bernard
Musique originale : Larsen Lupin

Direction de production : Marie-Hélène Dufort
Direction technique : Simon Cloutier

Une production du Théâtre du Grand Jour.

L'auteur a bénéficié d'une Bourse du Conseil des arts et des lettres du Québec (CALQ) pour l'écriture de ce texte.

Billy a bénéficié d'un atelier dramaturgique, au Centre des auteurs dramatiques.

Billy a été lu au Festival du Jamais Lu, le 6 mai 2011, dans une mise en lecture de Sylvain Bélanger, avec Catherine Larochelle, Sébastien Leblanc et Louise Bombardier.

Billy a été lu lors de l'événement *Dramaturgies en dialogue* du Centre des auteurs dramatiques, le 9 septembre 2011, dans une mise en lecture de Sylvain Bélanger, avec Catherine Larochelle, Sophie Clément et Guillaume Cyr, et a reçu le prix Gratien-Gélinas 2011.

Billy a été lu le 18 novembre 2011, à l'Institut Régional d'Art Visuel de la Martinique (IRAVM), en partenariat avec ETC_ Caraïbe, dans une mise en lecture de Lucette Salibur, avec Daniely Francisque, Caroline Savard et Ruddy Sylaire.

Billy a été lu à l'Encadrier, à Cayenne, en Guyanne, le 1er décembre 2011, dans une mise en lecture de Hermina Duro, avec Magali Chalaron, Hermina Duro et Yokiendy Siffrard.

L'auteur tient à remercier chaleureusement les individus et organisations impliqués dans ces événements.

À Émir
Edmond
et Maude

Personnages

LA MÈRE D'ALICE : technicienne aux communications de service et d'information avec l'usager.

LE PÈRE DE BILLY : préposé «grade 2» à l'installation et à l'entretien du matériel d'affichage.

LA MADAME : adjointe sénior aux activités de formation du département des ressources humaines.

Notes au lecteur

Il faut lire ce texte comme une partition. Les personnages ne viennent pas tour à tour face au public décharger ce qu'ils ont à dire. À l'intérieur d'un même acte, les situations, les lieux et les interlocuteurs sont plutôt multiples. Les personnages sont parfois en relation avec l'autre ou plusieurs autres, parfois seuls, dans leur réalité.

Dans le texte, lorsqu'on ne retrouve qu'un point (.) sur une ligne, il faut comprendre qu'à ce moment le personnage essaie de dire quelque chose, mais n'y arrive pas, ou voudrait dire quelque chose, mais ne le dit pas.

Remerciements

Merci aussi à Maude Audet, Sylvain Bélanger, Denis Bernard, Yvan Bienvenue, Stéphane Jacques, Jean-Marc Dalpé, Véronique Aubut, Jack Robitaille, Lucien Ratio, Isabelle Hubert, Véronique Côté, Anne-Marie Olivier, Steve Laplante, Lise Roy, Catherine Proulx-Lemay, Paul Lefebvre, le CEAD, l'Institut Canadien de Québec et ETC_Caraïbe.

Acte 1

LA MÈRE D'ALICE

Alice dort
Ma fille

J'dors pas

Y neige
Y annoncent quarante centimètres cette nuit
Pis encore d'la neige
Pis du temps très froid demain matin
Moins 27
C'est rare
C'est rare ça
Beaucoup d'neige
Pis en même temps très froid

Alice dort

Y vente pas
La neige tombe très droite
Tranquillement
Chaque flocon tombe en ligne
Suit sa ligne
Pis frappe le sol
Chaque flocon peut rien changer
Y tombe

Pis ça tombe après par-dessus lui
Autour de lui

Partout
Pis y est oublié
C'est comme ça
Ça tombe par couches
Pis ça s'installe

Alice dort
Ma fille

Y a dix jours
Y faisait quatre degrés
Pis y pleuvait

Y a dix jours
.
.

Alice dort

J'espère que Billy dort
Que y a chaud
Que son lit est propre
Que c'est paisible autour de lui
J'espère

Dans un reportage
Y disaient que ça arrive plus l'hiver
Que ça arrive plus l'hiver des affaires comme
Un bébé avec des brûlures de cigarette sur lui
Un autre que ses parents s'amusent
À y faire manquer d'air
Avec des sacs de plastique
Un père qui pend son fils de six ans
Une femme avec sa fille de deux ans
Pis son garçon de cinq ans
Qui partent sur l'autoroute 50
Oùsque l'autoroute a une voix dans chaque direction

Pis que ça s'rencontre
Pis quand a' voit arriver une vanne de l'autre bord
A' provoque le face à face
Ni elle
Ni les deux p'tits sont attachés

Pas d'traces de freinage

Ça arrive plus l'hiver

Quarante centimètres
Moins 27

Une semaine
Ça fait
Une semaine
J'arrive un matin à garderie
En allant porter Alice
Pis Billy

LE PÈRE DE BILLY
Billy

LA MÈRE D'ALICE
Billy y a des restes de crottes de fromage
Sul bord d'la bouche
Pas du fromage en crottes
Des crottes de fromage orange

LA MADAME
Y est-tu passé mon innocent?
J'peux-tu espérer que mon innocent est passé?

LA MÈRE D'ALICE
Fait que soit que y a mangé ça pour déjeuner
Ou que si y a mangé ça la veille

Ses parents se sont jamais levés
Pour y passer une débarbouillette dans face

LE PÈRE DE BILLY
Est qui elle pour dire ça?
Martine?
Ben Martine
J'vas-tu dans sa maison
Pour y dire de s'couer ses rideaux?
De passer sa balayeuse?
J'me déguise-tu en espion câlisse
Pis j'checke-tu l'nomb' de brassées d'linge
Qu'a' fait dans s'maine?

LA MÈRE D'ALICE
Moi j'fais attention
Mettons les céréales que j'achète
C'est des bonnes céréales

LA MADAME
Prépare-toi

LA MÈRE D'ALICE
Pis le jus
C'est du vrai jus

LE PÈRE DE BILLY
Moé là

LA MADAME
Respire

LA MÈRE D'ALICE
Pas des affaires faites avec du chimique
Le déjeuner
C'est l'repas le plus important d'la journée

LE PÈRE DE BILLY
Ça t'gratte-tu toé?
Ça t'gratte-tu?
T'as pas l'air de quequ'un que ça y gratte
Moé ça m'gratte-tu?
Non

LA MADAME
Faut que j'sois consciente
Que mon innocent est probablement encore pas passé

LA MÈRE D'ALICE
Pis des fruits
Y a toujours des fruits chez nous
Chers
Pas chers
Y a des fruits

LE PÈRE DE BILLY
Billy
Ç'a-tu l'air d'y gratter?
Hein?
Y s'passe-tu 'a main dans tête?
Y se shake-tu 'a tête de même pis de même
Parce que ça y gratte?
Non

LA MADAME
Y est-tu venu ou
Y est-tu pas venu l'innocent?
Si j'checke pis qu'y est pas venu
Ça va être ordinaire
Parce que je l'sais que chu d'bonne humeur là

LA MÈRE D'ALICE
Des Honey Combs
Des Froot Loops

Des Sugar Crisp
Tu verras jamais ça chez nous

LE PÈRE DE BILLY
A' s'prend pour qui Martine tabarnac
Pour dire que si y a des poux dans garderie
C'est d'not' faute ?

LA MADAME
Chu d'bonne humeur pis j'veux l'rester
Pis je l'sais que j'vas/

LE PÈRE DE BILLY
Martine
A' va s'les fourrer dans l'cul ses osties d'poux

LA MADAME
Que j'aimerai pas ça si j'vas voir
Pis que c'est pas là

LA MÈRE D'ALICE
Hier ça a comme/
Hier
J'vas porter Alice à garderie

LE PÈRE DE BILLY
A' va se faire parler dans l'casse en tabarnac Martine

LE PÈRE DE BILLY
Moé là

LA MADAME
Moé là

LE PÈRE DE BILLY
Des p'tites crisses de bonnes femmes
Avec l'trou d'cul trop serré
Ça m'fait pas peur

LA MADAME
J'suis adjointe senior aux activités de formation

LE PÈRE DE BILLY
Ça m'fait pas peur de leu dire ma façon d'penser

LA MADAME
Faut pas que t'ayes la tête dans l'cul
À journée longue
Quand t'es adjointe senior
Aux activités d'formation

LA MÈRE D'ALICE
Je vas porter ma fille Alice à garderie
Pis j'croise les parents de Billy
La face poquée
Y ont tout l'temps la face de du monde
Qui regardent la télé jusqu'à quatre heures du matin

LA MADAME
Dans l'sens qu'y faut que tu dégages de quoi de positif

LE PÈRE DE BILLY
Si t'as pas des tits souliers en cuir shiné
Avec tes tits pantalons
Pis ta tite face pas d'poils
Pis tes tits cheveux
Pis ton tit look de monde pogné pis coincé
T'es un trou d'cul?

LA MÈRE D'ALICE
Pis Billy
Y a l'air fatigué lui aussi
Pis y a la face sale
C'est pas long laver une face

C'est pas dur laver une face
La fierté
La fierté que ton enfant soit propre
Y ont pas ça eux autres

LA MADAME
Positive

LE PÈRE DE BILLY
Des poux
Tabarnac

LA MADAME
Gère les irritants

LE PÈRE DE BILLY
Ostie que m'as y dire tantôt Martine

LA MADAME
Respire en continue

LE PÈRE DE BILLY
M'as y tomber en câlisse
Dans sa p'tite face de fendante
Qui s'prend pour le nombril
D'la crisse de planète Terre
À cause qu'alle a un DEC en garderie
« Ouhhh
Chu pas une gardienne
Chu une éducatrice »
Calvaire
Y font des casse-têtes
Éducatrice mon câlisse de cul
« Ouhhh
J'me prends pas pour d'la marde
Chu une éducatrice

Pis j'ai faite trois ans d'cégep
Ouhhh»
Tabarnac
J'm'ouvre pas la yeule souvent
Yinque à cause que j't'en crisse
Mais là
J'veux dire
Un moment donné
Wô

LA MADAME
De l'entregent
Faut j'aye plus d'entregent

LA MÈRE D'ALICE
Hier
Y a eu un déclic
Ça a faite
C't'assez

LA MADAME
As-tu vu la température?
Ça a pas d'bon sens hein?

LA MÈRE D'ALICE
C't'assez

LE PÈRE DE BILLY
Billy
Go go!
Ton frère
Ça doit faire dix menutes qu'y est dans son autobus
Pis toé tu niaises

LA MÈRE D'ALICE
Là là

LA MADAME
Bonjour Jocelyne
Ça va bien ?

LE PÈRE DE BILLY
On va t'porter
Pis tu niaises
Qu'est-cé qu'y a de si l'fun à jouer 'ec tes velcros ?
Go go !

LA MADAME
Ça sera pas long Jocelyne

LE PÈRE DE BILLY
Sul calorifère les mitaines

LA MADAME
J'ai vu un gars en bicyk à matin
Heille
En bicyk

LE PÈRE DE BILLY
Habille-toé
As-tu vu l'heure ?
Ça fait une demi-heure que j'pelte l'char
Me semb' que t'habiller pis habiller le p'tit
Ça doit être moins essoufflant

LA MÈRE D'ALICE
C't'assez !

LA MADAME
J'm'ortenais/

LE PÈRE DE BILLY
Quand j'orpense à c't'ostie d'Martine-là
Avec ses crisses de poux

LA MADAME
Mais j'avais yinque envie d'y dire

LA MÈRE D'ALICE
Oui

LA MADAME
Qu'est-cé tu fais là épais 'ec ton bicyk?

LE PÈRE DE BILLY
Voir si j'ai des osties d'poux

LA MÈRE D'ALICE
Oui

LE PÈRE DE BILLY
Voir si on a des osties d'poux

LA MÈRE D'ALICE
Si y faut que quequ'un s'lève
J'vas me lever

LE PÈRE DE BILLY
Billy
Si tu t'laves pas les dents
Pis que plus tard t'as les dents jaunes
Ça va être ton problème mon homme

LA MADAME
Mais j'me suis r'tenue
Mais là le cave
J'dis le cave parce que à moins 27
Quarante centimètres de tombés
Ça prend un cave pour sortir en bicyk

LA MÈRE D'ALICE
J'avais déjà vu d'autres matins
Que le p'tit Billy s'garrochait sua collation

Mais hier ça a faite/
J'suis sûr que ses parents le font même pas déjeuner

LA MADAME
Un char a pas d'fun dans une *batch* de neige de même
Imagine un bicyk

LE PÈRE DE BILLY
Moi j'achète la pâte à dents
J'achète la brosse
Y t'resse yinque à t'les brosser
Faque go go go
J'ai faim

LA MADAME
Moins 27

LA MÈRE D'ALICE
Hier
J'ai vu Billy
Rentrer dans l'local
Avec ses gros parents en arrière de lui
Qui ont l'air donc contents
De l'sacrer là
Pis d'ortourner s'laisser engraisser
Tout seuls chez eux

LA MADAME
Pis là le cave
'ec son grand foulard
Qui pend en arrière
Pis qui va quasiment pogner dins rays du bicyk
Y m'coupe
Y s'orvire pas pour checker si y a un char qui arrive
Y place pas son bras de même
Ou de même

Ou crisse-moi pas
Comme pour dire qu'y s'tasse
Non non
Y s'tasse le cave
Dans ma tête ça fait
Tu veux mourir?
À quoi ça t'sert de t'forcer
À pédaler dans l'cambouis
Pis d'm'orgarder
Comme si c'était criminel d'être en char
Pis d'faire du bicyk pour sauver l'monde
Si y te tue ton bicyk?

LA MÈRE D'ALICE
La mère à Billy
Son linge sent la cigarette
Pis le père
Presque à chaque fois que je l'vois
Y a un gilet des Simpsons
Décroche gros cave!

LA MADAME
Es-tu trop niaiseux pour catcher
Que si la charrue te passe dessus
A' brisera pas
A' va te briser toé?
On est pas en Floride icitte
On est pas à Cuba
Y est quasiment tombé quat' pieds d'marde c'te nuitte
On s'gèle le cul
Laisse ton bicyk dans l'sous-sol
Pis achète-toi une passe d'autobus pauv' mongol!
Dans ma tête j'me disais ça à matin

LA MÈRE D'ALICE
La collation était passée
Ben pendant que l'éducatrice essuie les mains

Pis la face d'un autre p'tit
Billy va dins épluchures de pommes
Pis y s'met à manger des épluchures de pommes
De même
Sans l'demander
Y sait pas que l'éducatrice
Peut y sortir une pomme neuve
Y pense pas à ça
Y a juste faim
Pis quand t'aimes les épluchures de pommes
Ça doit être parce que t'as pas mangé d'pommes
Souvent dans ta vie
Pis moi j'suis là
Pis j'vois ses yeux de p'tit gars qui a faim
Pis
.
.

LE PÈRE DE BILLY
Le monde checke ça au boutte les dents astheure
Cinq mille piasses que l'gars sul ménage
Vient d'mettre dans yeule de son p'tit
Cinq mille piasses

LA MÈRE D'ALICE
Faque à matin
J'décide de voir qu'est-ce qu'y font de leur vie
C'tes parents lettes-là
J'embarque Alice dans mon char avec moi

LE PÈRE DE BILLY
Les manettes d'la X 'taient sua table du salon
T'as-tu joué à matin ?

LA MÈRE D'ALICE
Pis j'me parke dans rue
En face de l'appartement de Billy pis les parents lettes

Y sortent du bloc
Un bloc lette
Oùsque d'autres sales comme eux autres restent

LE PÈRE DE BILLY
T'es-tu rendu au tableau des sumos qui font du karaté?

LA MADAME
J'te l'dis Jocelyne
Je l'voyais su son bicyk
Y a fallu que j'me parle
Y a fallu que j'me raisonne
Parce que m'être écoutée
J'serais allée l'fesser

LA MÈRE D'ALICE
Leur char a l'air sale
Moi
De mon char
J'suis capable de voir que l'dedans d'leur char
Ça a l'air sale
Faut pas que ça soit d'la poussière de deux-trois jours
Pour que à travers ma vitre de mon char
Pis la vitre de leur char
J'voie que c'est sale

LE PÈRE DE BILLY
Des sumos

LA MADAME
Pis ça aurait pas été d'ma faute

LA MÈRE D'ALICE
Y marchent jusqu'au char
Y rent' Billy dedans
Pis y rent' eux autres aussi

LA MADAME
Bang

LE PÈRE DE BILLY
Des sumos
Des gros Chinois
Avec un genre de strappe dans l'derrière

LA MÈRE D'ALICE
J't'ici
Avec Alice
Ma fille Alice dans mon char avec moi
Y partent

LE PÈRE DE BILLY
Sont dans un rond
Pis faut qu'y poussent l'aut'

LA MÈRE D'ALICE
J'les suis
Cinq minutes
Pis y rentrent dans un stationnement

LE PÈRE DE BILLY
Ça doit manger en esti un sumo

LA MÈRE D'ALICE
Y parke l'char
Pas ben parké
Genre parké croche
Parké pour prendre deux parkings
Y sortent du char
Avec leu linge sale
Leu cheveux gras
Pis y laissent le p'tit Billy dedans !
Tout seul !

LA MADAME
J'l'ai pas fessé
J'l'ai pas fessé
Le prochain par zempe

LA MÈRE D'ALICE
Y laissent l'char virer
J'veux ben que tu laisses l'char virer
Y fait moins 27
Pis y neige au fond

LA MADAME
Le prochain
Je l'fesse

LA MÈRE D'ALICE
Mais rentrez-le Billy à place

LA MADAME
Me semb' je l'imagine dins airs

LA MÈRE D'ALICE
Ben non
Y laissent l'char virer
Avec le p'tit attaché dans son siège de char
Le char parké pour prendre deux parkings
Le p'tit tout seul dans l'char

LA MADAME
Correct correct
Pardon
Bonne journée Jocelyne

LE PÈRE DE BILLY
J'sais pas jusqu'à comment
Que ça peut être gros un sumo
Pour que ça soye encore un athlète
Pis pas yinque un gros câlisse?

LA MADAME
Chu prête
J'vas aller voir si mon innocent est passé

LA MÈRE D'ALICE
J'sais bien que si tu rent' le p'tit
Si tu rent' Billy
C'est du taponnage
Enlever la tuque
Enlever le cache-cou
Enlever les mitaines
Les mitaines qui ont été longues à mettre
Parce que t'as taponné en mettant les mitaines
Avant le *coat* d'la *soute*
Pour pouvoir passer la mitaine
Dans l'trou d'la manche d'la *soute*
Pour que ça soye plus solide
Pis qu'la mitaine tombe pas
Parce qu'elle est tenue par le trou
D'la manche d'la *soute*
Pis que quand tout l'monde va avoir mangé
Tu vas y remettre sa tuque
Son cache-cou
Les mitaines
Les mitaines qui sont longues à mettre
Parce que tu taponnes en mettant les mitaines
Avant le *coat* d'la *soute*
Pour pouvoir passer la mitaine
Dans l'trou d'la manche d'la *soute*
Pour que ce soit plus solide
Pis que la mitaine tombe pas
C'est du taponnage

LE PÈRE DE BILLY
Y resse pus à moitié d'gaz
Le fulles-tu des fois le char?

LA MÈRE D'ALICE
C'est long
Mais tu rent' en dedans toi
Ben tu rent' le p'tit
Pis si tu l'rent' pas comme vous êtes en train d'faire
Tu laisses la fenêtre du char un peu ouverte
Pour qu'y respire
Respirer?
Tsé l'affaire que vot' cœur a d'la misère à faire
Parce que vous pompez au fond
Aussitôt qu'y a plus que six marches queque part

LE PÈRE DE BILLY
C'tu yinque moé qui sais oùsqu'y est l'trou d'la tinque
Su ce char-là mon amour?

LA MADAME
Rien
Rien sul mur
Y est pas venu
L'innocent est pas passé
J'pas aveugle
Pas de babillard su mon mur

LA MÈRE D'ALICE
Y se placent dans file
Y ont-tu l'air à penser au p'tit tout seul dans l'char
Attaché dans son siège de char
L'char parké pour prendre deux parkings?
Pantoute
Y salivent
Y salivent devant les affiches de café
Devant l'comptoir des beignes
Y pensent

LA MADAME
J'commence à considérer ça
Comme un manque de respect

LA MÈRE D'ALICE
«J'vas-tu m'prendre un beigne fourré
Le plus sucré possible
Ou un beigne pas fourré
Mais avec deux pouces de marde dessus»
C'est à ça qu'y pensent les parents lettes
Pis Billy dans l'char?

LE PÈRE DE BILLY
Ben oui j'vas laisser l'char virer

LA MÈRE D'ALICE
Y pense à une chose
Y a faim
Y a faim
Pis y dit «tabarnac»
Y dit peut-être pas encore tabarnac
Quoique ça s'pourrait
Ses gros parents lettes doivent sacrer devant lui
Y dit
«Comment ça qu'y m'laissent dans l'char?»

LA MADAME
M'as finir par me plaindre
L'innocent qui pose pas mon babillard
Y va arriver un matin
Pis la plainte va y tomber dans face

LA MÈRE D'ALICE
Pis là qu'est-ce qu'y font les deux parents lettes?
Y s'assoient
Avec chacun un café gros format
Pis deux beignes
Pas des déjeuners genre pain jambon fromage
Pas un yogourt pis des fruits
Surtout pas de quoi
Qui pourrait avoir l'air de faire semblant
Qu'y ont peut-être envie d'être en santé

LA MADAME
Dans face

LE PÈRE DE BILLY
J'sais pas si c'est c'qu'y mettent dessus
Ou ben c'qu'y mettent dedans
Mais j'trouve qu'y pusent c'tes sortes-là

LA MÈRE D'ALICE
Deux beignes avec en masse de crémage
Pis y boivent leu café en faisant du bruit
J'suis sûre qu'y font du bruit
Pis surtout
Qu'est-ce qu'y font les deux gros parents
Y s'en sacrent ben de Billy dans l'char
Pendant qu'y mâchent leu marde

LE PÈRE DE BILLY
T'as pas pris d'pépittes toé?

LA MADAME
Respire

LA MÈRE D'ALICE
Tu peux ben toi dans vie
Manger deux beignes pis boire un café
Tu peux manger la douzaine en entier
Pis boire vingt-z-osties d'cafés si tu veux
T'as l'droit
Mais t'as pas l'droit d'faire ça
Pendant que ton p'tit est dans l'char
Pas ben parké
Genre parké croche
Parké pour prendre deux parkings
L'char en train de virer
Le p'tit attaché dans son siège de char

Le char parké pour prendre deux parkings
Le p'tit tout seul dans l'char!

LA MADAME
Une chance que j'ai mes tits-gars
Parce que sans ça
J'passerais pas à travers

Elle ouvre la radio.

LE PÈRE DE BILLY
R'garde l'ostie d'pincée qui s'pense bonne
Avec son ostie d'café vanille française
Les Français doivent même pas boire ça
D'la vanille française

LA MADAME
Jocelyne
C'est mon annonce que j'aime
Celle des Chaussures Rochon!

LA MÈRE D'ALICE
Pis on l'sait-tu assez
Que ses deux gros parents lettes
Sont sul BS

LA MADAME
Correct
Correct

LA MÈRE D'ALICE
Y a du monde sul BS que c'est correct
Y perdent leur travail
Y ont des enfants
Pendant sept huit
Dix mois

Un an gros max
C'est normal d'les aider
Mais ces deux parents lettes-là
J'suis sûr que ça travaille pas
Pis le seul but qu'y ont dans vie
C'est que l'cul leur élargisse

LE PÈRE DE BILLY
Pas m'ortenir
J'm'en clancherais un autre

LA MÈRE D'ALICE
Pis ça c'monde-là
C'est apte au travail
C'est apte au travail mais ça travaille pas
C'est nous aut' qui travaillent pour eux aut'
Pis Billy
Pis les autres enfants des parents lettes
Va falloir que l'système travaille fort en maudit
Pour leu donner l'goût de mener une vie différente
De leu gros parents lettes

LE PÈRE DE BILLY
Heille les gars d'charrues doivent-tu tripper à matin?

LA MADAME
Jocelyne
Y annoncent le concours
Pour gagner des *rides* de *go-karts* à radio
On aurait du fun en *go-kart*
J'ai jamais faite ça
Mais je l'sais qu'j'aurais du fun

LA MÈRE D'ALICE
C'est ça qu'y vont avoir appris
C'tes pauvres enfants-là
Boire du café

Manger un beigne
Se sacrer de leurs enfants
Au point d'les assire
Devant du maudit Winnie the Pooh
Qui roule en boucle
Avec un gros plat d'crottes de fromage
Su leurs petits genoux
Pis faire
«Tins
V'là ton lunch d'la journée
Faque mange en masse»

LA MADAME
Jocelyne
J'appelle!

LE PÈRE DE BILLY
Ça dort pas d'la nuitte
Ça tasse d'la neige
Ça tasse d'la neige

LA MADAME
C't'occupé

LA MÈRE D'ALICE
Tantôt
Attends un peu
J'vas leur dire

LA MADAME
Jocelyne
J'rappelle

LE PÈRE DE BILLY
Ça s'clanche du café pis du Red-Bull
Pis ça part pour toute une journée de tassage de neige
Y vont faire ça vingt-quatre heures en ligne
Les gars d'charrue

LA MADAME
Voyons !

LA MÈRE D'ALICE
J'vas leur tomber dans face
Pis pas yinque un peu

LE PÈRE DE BILLY
Ben speedés
Payés temps triple
À écouter du ZZ Top
Pis à rouler en fous

LA MÈRE D'ALICE
J'vas l'dire

LA MADAME
Voyons !

LE PÈRE DE BILLY
ZZ Top
Ostie que ça a pas d'goût des gars d'charrue

LA MÈRE D'ALICE
J'vas rentrer à garderie
En même temps qu'les parents lettes
Y vont finir par finir de manger leurs beignes
Pis m'as les suivre à garderie
M'as rentrer en même temps qu'eux autres
Pis j'vas crier
Devant tout l'monde :
« Je viens d'les voir se clancher deux beignes
Deux gros beignes »

LA MADAME
J'ai la ligne
J'ai la ligne !

LA MÈRE D'ALICE
Vous l'voyez comme moé que Billy a faim
Vous l'voyez
Chu pas tu seul à voir que c't'enfant-là
Serait encore prêt à manger des épluchures
Y a faim
Pis en plus tout l'monde
Savez-vous que y ont laissé le p'tit dans l'char?
Dans l'char qui virait
Pas de fenêtre ouverte
Pendant qu'eux autres
Mangeaient des beignes en dedans
En dedans!

LA MADAME
Le mot d'passe pour le concours
C'est « transmission »

LA MÈRE D'ALICE
Y vont filer cheap
Sont aussi ben de filer cheap

LA MADAME
J'vous embrasse

LE PÈRE DE BILLY
C'tes beignes-là
Y font-tu ça icitte
Ou c't'un truck qui vient pendant 'a nuitte tu penses?

LA MADAME
Chu finalisse!

LA MÈRE D'ALICE
Y vont être en face de moi
Pis j'vas vouloir enfoncer l'clou pour de bon
Faque j'vas dire

Pis après ça
Ça va être quoi ?
Y rentrent pas Billy quand y vont s'acheter des beignes
Y l'rentrent pas quand y font l'épicerie
Y l'laissent dans l'auto toute une nuit tant qu'à y être ?
Hein ?
Hein ?

LE PÈRE DE BILLY
Ben oui tabarnac
Huit à deux
Crisse qu'y sont poches

LA MADAME
J'espère que Jocelyne est pas trop large
Pour rentrer dans un *go-kart* ?

LA MÈRE D'ALICE
Ça va être quoi après ?
Ça va s'arrêter où ?
Y a froid
C'est pas grave
Y a faim
C'est pas grave
Y a mal
C'est pas grave
Pis après ?
Hein ?
Pis après ?
Y vont se lever une nuit parce que le p'tit braille trop
Pis y vont l'shaker
Pis l'shaker encore
Pis crier
«Ta yeule Billy !
Ta yeule ! »

En continuant à l'shaker
C'est dur à shaker j'imagine un enfant d'quatre ans
Mais Billy y est assez p'tit à cause qu'y mange mal
Qu'y peuvent le shaker
Pis sa tête va partir de même
Pis de même
Pis son p'tit cerveau va s'frapper dans son crâne
Ou ben sa p'tite colonne va casser
Pis qu'est-ce qui va arriver?
Billy sera pas à garderie le lendemain
Parce que c'est rendu
Que ses yeux partent su toués bords
J'vas dire ça
J'vas dire ça

LE PÈRE DE BILLY
On en prend-tu un aut'?

LA MÈRE D'ALICE
Pis Alice
Alice va être à côté de moi
Alice va être à côté de moi
Pis alle aimera pas ça que j'parle fort
Mais a' va comprendre
A' va comprendre que je l'fais pour le bien de Billy
A' va comprendre qu'y faut parler des fois
Qu'y faut dire les choses
A' va comprendre tantôt
Tantôt j'vas l'dire

Pis un coup que j'vas leur avoir dit ça
Aux parents lettes qui puent
– J'suis sûre qu'y puent –
J'vas donner un bec à ma fille
À Alice
J'vas donner un bec à Alice pis m'as y dire

« Maman parle fort
Mais c'est parce qu'y faut parler
Faut l'dire
Billy y aura pus faim
Billy astheure
Ses parents ont compris parce que j'ai parlé »
Pis après
J'vais aller à mon travail

Acte 2

LA MÈRE D'ALICE
Commission scolaire des Trois-Monts bonjour
Non
Non
Pour les absences
Vous allez sur le site internet de la commission scolaire
Vous cliquez sur l'institution que fréquente votre enfant
Cliquez sur « parents-élèves »
Ensuite sur « suivi interactif »
Vous rentrez le code permanent de l'enfant
Et la date de l'absence
Vous mettez un message justificatif
Et un numéro où on peut vous rejoindre
Non
Non
Sinon vous faites le poste 223
Comme le message vous l'proposait
Non
Non
Non monsieur
J'peux pas
Vous rappelez et vous faites le 223
Non
Ici on informe
Mais on transfère pas
Merci
Non
Merci

LA MADAME
J'peux m'asseoir Jocelyne?

LA MÈRE D'ALICE
Commission scolaire des Trois-Monts bonjour

LE PÈRE DE BILLY
Sul *best of* des *UFC* que j'ai acheté
Y a l'premier combat du *UFC One*
Pis Gérard Gordeau
C't'un Hollandais j'pense
Y s'bat cont' un gros Hawaïen
Qui a une *shape* de sumo

LA MADAME
Pour mon babillard
C'est hier que j'ai parlé au gars
Hier à 11 heures

LE PÈRE DE BILLY
Ça dure 26 secondes
Gordeau y a l'air de rien
J'veux dire
Y mesure quand même six pieds et cinq
Deux cent seize livres
Des tatouages
Mais
Y a l'air calme

LA MADAME
Pis vendredi passé vers 2 heures l'après-midi
Pis je l'sais pas combien d'fois depuis neuf mois
Que j'ai parlé au téléphone ou icitte à c'gars-là
Pis j'ai dit les mesures
La place oùsque j'veux qu'y soye
J'y ai montré
«R'garde
C't'icitte qu'y faut qu'y soye le babillard»

LE PÈRE DE BILLY
Tsé
Concentré
Mais un air normal là
Tu t'dis quasiment
Que tu pourrais l'croiser à l'épicerie
C'est ça qui devient freakant
Quand tu t'dis que des fois
Du monde qui a l'air de rien
Pis qu'y sont autour de toé
Ça peut devenir des esties d'machines
Pis pèter des yeules
Comme toi t'attaches tes lacets

LA MÈRE D'ALICE
Non
Non

LA MADAME
En faite
C'est toute si j'ai pas faite sa job à sa place

LE PÈRE DE BILLY
Ben l'arbitre starte le combat
Le gros Hawaïen fonce su Gordeau
Gordeau s'tasse

LA MADAME
Pis hier/

LA MÈRE D'ALICE
Non madame

LA MADAME
À 11 heures

LE PÈRE DE BILLY
Heille j'me tasserais-tu moé en tabarnac
Si un gros mulâtre de cinq cents livres

Me fonçait d'sus 'ec une face
De comme si que j'venais d'piner sa sœur
Ou ben sa mére?

LA MÈRE D'ALICE
Ben voyons?

LA MADAME
11 heures
11 heures et quart

LE PÈRE DE BILLY
Le gros Hawaïen
Teila Tuli
– Teila Tuli qu'y s'appelle –
Y tombe à terre dans l'coin d'l'octogone

LA MÈRE D'ALICE
Y fait froid dans l'autobus?

LA MADAME
L'innocent y m'dit
«Demain quand vous allez arriver
Le babillard va être sul mur»

LE PÈRE DE BILLY
Y est effouèré dans clôture

LA MÈRE D'ALICE
Mais pourquoi vous m'dites ça à moi?

LE PÈRE DE BILLY
C't'un sumo
Ça s'orlève pas su un dix cennes

LA MADAME
Ben à matin j'arrive pis le babillard y est pas sul mur
J'imagine qu'y avait pas la bonne sorte de vis

Que là y est allé voir le magasinier
Que le magasinier était à son break

LA MÈRE D'ALICE
Le transport
C'est d'la sous-traitance

LE PÈRE DE BILLY
Gordeau s'orcule de même
Lui
C't'un spécialiste d'la savate

LA MÈRE D'ALICE
J'peux rien faire

LA MADAME
Qu'il a décidé de l'attendre
Mais en jasant avec quelqu'un là
Ben y m'a oubliée
J'suis pas importante pour lui

LE PÈRE DE BILLY
Y s'orcule pas pour laisser l'sumo s'orlever
Y s'orcule pour se prend' de l'air
Y fait deux pas à peine par en avant
Pis y sacre une savate
Un coup d'pied
Dans face de Teila

LA MÈRE D'ALICE
Écoutez
On est quand même la troisième semaine de janvier
C'est normal que ce soye un peu frisquet dans l'autobus/

LA MADAME
Oui mais c'est blessant

LE PÈRE DE BILLY
Ça fait un bruit

LA MÈRE D'ALICE
Avez-vous essayé vous d'aller voir le chauffeur
Pour y dire de mettre du chauffage?

LE PÈRE DE BILLY
Comme

LA MÈRE D'ALICE
Moi aussi j'travaille justement
J'suis pas l'département des plaintes

LE PÈRE DE BILLY
Ça fait un bruit de coup d'pied dans face

LA MÈRE D'ALICE
Merci

LA MADAME
Y s'en sacre ben de moi le niaiseux
Y va moins s'en sacrer
Quand qu'y va s'ramasser 'ec une plainte

LE PÈRE DE BILLY
Le gros Hawaïen perd trois dents
On en voit une orvoller ben comme y faut
Pis les deux aut'
Y restent pognées dans l'pied d'Gordeau

LA MADAME
Un niaiseux qu'on peut pas sacrer dehors
Parce que nos cotisations
Servent à protéger les niaiseux
Un niaiseux là qu'on dirait que sa job
C'est un loisir
Comme jouer au badminton ou au scrabble
Faque y se dit que c'est pas grave si y est pas bon

LE PÈRE DE BILLY
Mais Gordeau

LA MADAME
Un babillard !

LE PÈRE DE BILLY
Comme si c'était pas assez

LA MÈRE D'ALICE
Commission scolaire des Trois-Monts bonjour

LA MADAME
C'tu moé qui l'prononce de travers ?
« Babillard ! »

LA MÈRE D'ALICE
Vous rappelez pis vous faites le poste 234

LE PÈRE DE BILLY
Y a l'temps itou de sacrer un coup d'poing
Dans face du gros sumo

LA MADAME
J'demande pas qu'vous m'bâtissiez un hôpital

LE PÈRE DE BILLY
Pis y s'pète la main

LA MADAME
Un « babillard ! »
Un babillard ! ! !

LA MÈRE D'ALICE
Pour les absences
Vous allez sur le site internet de la commission scolaire
Vous cliquez sur l'institution
Que fréquente votre enfant

LE PÈRE DE BILLY
L'arbitre arrête le combat
L'gros sumo veut ortourner s'orbatte

LA MÈRE D'ALICE
Cliquez sur « parents-élèves »
Ensuite sur « suivi interactif »
Vous rentrez le code permanent de l'enfant
Et la date de l'absence

LA MADAME
J'ai envie d'm'en acheter un
Pis l'poser moi-même

LA MÈRE D'ALICE
Vous mettez un message justificatif
Et un numéro où on peut vous rejoindre

LE PÈRE DE BILLY
Oublie ça crisse

LA MÈRE D'ALICE
Non

LA MADAME
Mais je l'ferai pas

LA MÈRE D'ALICE
Non

LE PÈRE DE BILLY
Y a l'nez tout d'travers

LA MÈRE D'ALICE
Sinon vous faites le poste 223
Comme le message vous l'proposait

LA MADAME
C't'une question d'principe !

LA MÈRE D'ALICE
Non
Non

LE PÈRE DE BILLY
Trois dents d'moins dans yeule

LA MÈRE D'ALICE
Non monsieur
J'peux pas
Vous rappelez et vous faites le 223

LA MADAME
Sont payés pour ça poser des babillards
Pourquoi qu'y 'es posent pas ?

LA MÈRE D'ALICE
Non
Ici on informe
Mais on transfère pas

LE PÈRE DE BILLY
Pis l'coach du sumo
Qui a l'air de dire

LA MÈRE D'ALICE
Merci

LE PÈRE DE BILLY
On ortourne en Hawaï au plus tabarnac

LA MADAME
Pas question que j'me calme !

LA MÈRE D'ALICE
Non
Merci

LA MADAME
J'y demande pas d'installer un bronze de quat' mille livres sur un mur en Gyproc
J'y demande un babillard en liège
Pour piner les affaires normales
Qu'y faut piner sur un babillard
Mais l'innocent
Après neuf mois
Y l'a pas encore posé le babillard

LA MÈRE D'ALICE
Oui Martine
C'est la mère d'Alice
A' tousse-tu encore ou c'est mieux ?

LA MADAME
Correct
Correct

LE PÈRE DE BILLY
Les premiers *UFC*
C'est des tournois
Faque Gordeau
Faut qu'y s'orbatte dans veillée

LA MÈRE D'ALICE
D'où tu penses ça vient c'maudite grippe-là ?
A' tousse creux
C'est une toux « sec »
A' peut-tu avoir pogné ça d'la p'tite Chinoise
Avec qui qu'a' joue
Quand qu'y sont en multi-âges ?
Tu l'as vue comme moi
Est ben *cute* mais a' passe son temps à r'nâcler

LE PÈRE DE BILLY
Gordeau y revient pour un deuxième combat

LA MADAME
Heille

LA MÈRE D'ALICE
À quatre ans
Un enfant est supposé être capable dire
Quand qu'y faut qu'y s'mouche

LE PÈRE DE BILLY
Le médecin du *UFC* y y a laissé
Les dents du Sumo dans l'pied
Parce que ça saignerait trop
Si y 'es enlevait c't'es dents-là
Là les dents
Y bouchent l'trou

LA MADAME
Ça a-tu du bon sens ?

LA MÈRE D'ALICE
Un enfant qu'y r'nâcle
Souvent c'est parce que les parents r'nâclent

Martine
J'ai quat' lignes qui flashent
Faut j'te laisse

LA MADAME
Moé me faire rire de moé là

LA MÈRE D'ALICE
Commission scolaire des Trois-Monts bonjour

LE PÈRE DE BILLY
Y revient s'battre
Une main cassée
Deux dents dans l'pied

Les deux dents du gros Hawaïen
Qui doit s'ennuyer d'sa mère en ostie
Depuis que y a eu la savate de Gordeau dans face

LA MÈRE D'ALICE
Poste 127
Merci

LE PÈRE DE BILLY
Pis y gagne encore not' Gérard
Contre Kevin Rosier
Un spécialiste des arts martiaux mixtes
Que Gordeau achève en y câlissant
Un coup d'pied d'même dins côtes

LA MADAME
J'commence à considérer ça
Comme un manque de respect

LA MÈRE D'ALICE
Commission scolaire des Trois-Monts bonjour

LE PÈRE DE BILLY
Y revient pour un troisième combat
Contre Royce Gracie
Royce Gracie
Le maître
La légende du Jiu Jitsu brésilien

LA MÈRE D'ALICE
Bon
Vous êtes allée voir le chauffeur finalement?

LE PÈRE DE BILLY
Gracie
C't'un p'tit chicot à côté des aut' *beefs*

Qui sont dans l'*UFC*
Mais y fait des prises de soumission c'te p'tit crisse-là

LA MÈRE D'ALICE
Écoutez madame
Qu'est-ce que vous voulez que j'vous dise?
C'est pas d'ma faute si l'chauffeur vous a insultée
Du monde qui savent pas vivre
Y en a partout

LA MADAME
Attends que je l'voye l'gros niouf

LE PÈRE DE BILLY
Gracie fait une prise à Gérard
Y y tord la face pis Gérard lâche
Y en peut pus

LA MADAME
M'as y tomber dans sa grosse face lette

LA MÈRE D'ALICE
Quand même que vous m'criez après/

LE PÈRE DE BILLY
Y perd
Pauv' Gordeau

LA MÈRE D'ALICE
On peut pas casser le contrat d'un transporteur
Qui charrie huit mille élèves
Parce que l'chauffeur vous a dit
«Va chier grosse torche»

LE PÈRE DE BILLY
Mais y s'est quand même battu avec la main cassée
Pis deux dents dans l'pied

LA MÈRE D'ALICE
Écoutez madame
J'vous demande de rester polie/

LE PÈRE DE BILLY
C'est de la volonté en ostie ça

LA MADAME
Comment ça que c'est si long
Faire poser un babillard?

LE PÈRE DE BILLY
Faut que ce soit approuvé

LA MADAME
Qui c'est qui faut qui approuve les projets?

LE PÈRE DE BILLY
Moé j'installe
J'fais juste installer
J'installe quand j'peux

LA MÈRE D'ALICE
Madame

LE PÈRE DE BILLY
Tsé
Un médecin peut arriver en retard sua job
J'peux arriver en retard moé itou

LA MÈRE D'ALICE
Madame
J'vous demande/

LE PÈRE DE BILLY
Je pose des babillards
J'ouvre pas des corps pour enlever des cœurs
Pis nettoyer pis les ormette après
J'pose des babillards

LA MADAME
Justement
Pose-moé mon babillard
Regarde
Regarde toute le tas de tites pinouches que j'ai
Des tites pinouches
Qui rentrent dans du liège de babillard
Pas dans du béton maudine

LA MÈRE D'ALICE
Madame/

LA MADAME
Des tites pinouches qui attendent
Pis mes tits papiers icitte?
Tu penses qu'y décorent mon bureau?
Tu penses que j'm'écris de pas oublier d'aller pisser?

LA MÈRE D'ALICE
Là/

LA MADAME
De pas oublier de dire
Au gars d'la compagnie qui arrose les plantes
De pas trop arroser celle juste là
Parce qu'a' fait des bibites
Pis la plante pourrit par en dedans pis a' pue
Comme quand l'ostie d'hindoue
Vient vendre ses crisses de bebelles pour la paix?
Non

LA MÈRE D'ALICE
C't'assez!

LA MADAME
C'est pas à ça qu'y servent mes tits papiers
C'est mes tits papiers

Qu'y faut que j'pine su mon babillard
Avec mes tites pinouches
Ta job
Ta job c'est pas poser des babillards
C'est dire que tu poses des babillards

LE PÈRE DE BILLY
Poser des babillards
C'est ma job
C'est
C'est mon titre
On a toute un titre

LA MADAME
Diseur de posage de babillard

LE PÈRE DE BILLY
Préposé à l'installation
Et à l'entretien du matériel d'affichage

Un téléphone sonne.

LA MADAME
Y devrait appeler ça
Préposé au pognage de cul
Pis au s'en câlissage ben
Que le monde ayent pas leu babillard

LE PÈRE DE BILLY
Va chier

Un téléphone sonne.

LA MADAME
Ben oui

LE PÈRE DE BILLY
Va chier crisse de folle
Le monde peuvent ben s'sauver d'toé

LA MADAME
Ben oui

LE PÈRE DE BILLY
C'est pas parce que t'es vieille

Un téléphone sonne.

LA MADAME
Chu vieille

LA MÈRE D'ALICE
C'est la folle

LE PÈRE DE BILLY
T'es vieille
Pis tu penses que ça t'donne le droit
De parler au monde
Comme tu veux vieille crisse

LA MADAME
Tu sais pas parler

LA MÈRE D'ALICE
J'suis sûre

LE PÈRE DE BILLY
Va chier!

LA MADAME
C'est yinque ça qu't'as dans yeule
Chier
Chier
Va chier
Belle génération
Belle génération d'marde

LA MÈRE D'ALICE
Envoye

LE PÈRE DE BILLY
Quand la demande pour le babillard arrive
C'est combien d'temps sur mon bureau?
Une journée
Une journée

LA MÈRE D'ALICE
Rappelle la folle

LA MADAME
Ben oui
Ben oui
Heille

LE PÈRE DE BILLY
Après
Moi j'suis la procédure
Pis quand le OK m'orvient
J'fais la job
C'est l'système

LE PÈRE DE BILLY et LA MADAME
C'est l'maudit système

LA MÈRE D'ALICE
Commission scolaire des Trois-Monts bonjour

LE PÈRE DE BILLY
Quand le papier rent' dans l'système
Ça jamme
C'est partout d'même
C'est pour ça que j'peux pas l'poser ton babillard

LA MADAME
Maudit système de maudit

LE PÈRE DE BILLY
Ça met en maudit
On est toute en maudit de d'ça

Ça prendrait un ménage
Un vrai bon ménage
Y disent toutes qu'y vont l'faire
Mais y l'font pas

LA MÈRE D'ALICE
Ben habille-lé plus d'abord ton maudit enfant lette
Pis arrête de m'fendre le cul
Toutes les jours
À cause qu'un chauffeur mongol
Est pas capable trouver la chaufferette
Dans son crisse d'autobus jaune OK!
Va chier grosse torche!

LE PÈRE DE BILLY
Moi madame
J'vis ça de l'intérieur au boutte
J'ai deux enfants
Billy pis Ludo
Pis les deux
Jaser
C'est pas leu force

LA MADAME
J'sais pas pourquoi

LE PÈRE DE BILLY
Billy y a quatre ans
Pis Ludo six ans
Pis Ludo
C'est comme l'école qui a comme dit que
Y a des p'tits problèmes/

LA MADAME
Problèmes?

LE PÈRE DE BILLY
D'la misère à parler

LA MADAME
Problèmes d'élocution

LE PÈRE DE BILLY
Ouin
On s'est faite dire qu'y devrait voir l'orthothérapeute
Au moins une heure par semaine
Une heure
C'est pas énorme

LA MADAME
C'est pas énorme

LE PÈRE DE BILLY
Une heure l'orthothérapeute
Mais l'orthothérapeute
A' vient une heure par semaine
Mais dans l'école
Pis a' doit n'en avoir un affaire comme huit à voir en une heure
Pis j'imagine que dans c't'heure-là
Faut qu'a' s'informe itou
Si y a pas d'aut' jeunes dans l'école
Qui ont des problèmes
Mais qu'alle aura pas l'temps d's'occuper

LA MADAME
J'te vois venir
J'te vois venir

LE PÈRE DE BILLY
Là tu t'dis
Maudit
J'vas appeler l'directeur
Hein
C'est ça tu t'dis

Pis ça
Appeler un directeur dans une école
C'est pas évident tu-suite
J'pogné pour faire ça su mes heures d'ouvrage
J'pose pas d'babillard
Pendant que j'essaye de parler au directeur

LA MADAME
Ça je l'sais

LA MÈRE D'ALICE
Commission scolaire des Trois-Monts bonjour

LE PÈRE DE BILLY
J'vas-tu m'câlisser dans l'corridor avec un babillard
Pis un ostie d'téléphone main libre
Qui m'joue d'la musique platte
Pis après parler au directeur dans l'main libre
Dans l'corridor
Avec le babillard tout croche en face de moé
Pis l'monde qui passent autour pis qu'y disent
«À qui c'est qu'y parle avec son main libre
Devant son babillard tout croche»?
Non
Faque j'resse à centrale
Pis t'appelles pis tu tombes su des répondeurs
Pis y t'demandent à qui tu veux parler
Pis d'composer son nom sul clavier
Je l'sais-tu moé à qui je veux parler?
J'veux parler au directeur
Je l'sais pas moé son nom au directeur
Je l'sais pas si c'est Poitras ou Lambert ou Murray
Ou un nom pas prononçab' genre Fetchky ou Ninkao
Je l'sais pas
Comment veux-tu que j'compose son nom
Su mon ostie d'clavier

Pour être transféré à son poste
Si je l'sais pas c'est quoi le crisse de nom du directeur?

LA MADAME
Qu'est-ce t'as faite?

LE PÈRE DE BILLY
Hein?

LA MADAME
Qu'est-ce t'as faite pour y parler?

LA MÈRE D'ALICE
Monsieur
Dans l'quartier que vous habitez
C'est normal que ça soit cosmopolite

LA MADAME
Hein?
Qu'est-ce t'as faite?

LE PÈRE DE BILLY
Ben j'ai essayé de péser sul zéro
Dans les compagnies d'téléphone tu fais ça
Tu péses sul zéro
Pis tu parles à quequ'un
Quequ'un d'niaiseux
Mais quequ'un pareil

LA MÈRE D'ALICE
Consolez-vous monsieur
Y a des écoles que c'est pire que ça

LE PÈRE DE BILLY
Faque j'ai pésé sul zéro
Mais j'orvenais tout l'temps
Au début du crisse de message

Faque j'ai pésé à plein d'places
Pis j'ai fini par arriver sur une réceptionniste niaiseuse
Qui a l'air en crisse de répond' au téléphone

LA MADAME
Ah ça

LE PÈRE DE BILLY
Si ça la fait chier répond' au téléphone
Pourquoi qu'est réceptionniste crisse de tarte?

LA MADAME
Pourquoi hein?

LE PÈRE DE BILLY
Pourquoi?
Parce que a' tient trop à ses congés
Pis à ses conditions que moé pis vous on aura jamais

LA MÈRE D'ALICE
Commission scolaire des Trois-Monts bonjour

LA MADAME
Pis qu'est-cé qu'a' t'a dit la réceptionniste?

LE PÈRE DE BILLY
Alle a dit
Avec sa voix d'grosse
Qu'a' peut t'transférer
Pis a' t'donne l'impression
Qu'est en train de t'faire une faveur en t'transférant
Que si t'étais pas un imbécile
Tu t'serais servi de leu système de répondeur
Pis que tu serais tombé sul directeur très facilement

LA MÈRE D'ALICE
Non

LE PÈRE DE BILLY
Faque la tarte qui aime pas répond' au téléphone
Parce que ça fait trop shaker son gras d'bras
Qu'est-ce qu'a' finit par faire après?

LA MADAME
Dis-lé
Que j'soye en maudit moé 'tou

LE PÈRE DE BILLY
A' m'transfère au bureau du directeur
Là
Tu laisses un message au directeur
Parce que y est pas dans son bureau

LA MÈRE D'ALICE
Non

LA MADAME
Qu'est-ce tu veux qu'y fasse dans son bureau
Y serait obligé d'travailler si y était là

LA MÈRE D'ALICE
Non

LE PÈRE DE BILLY
Faque onze jours après

LA MADAME
Pas onze jours?

LE PÈRE DE BILLY
Y m'rappelle le directeur
Y dit qu'y peut rien faire
Que j'peux appeler à commission scolaire si j'veux
Mais que lui

LA MADAME
Y peut rien faire

LA MÈRE D'ALICE
Non

LE PÈRE DE BILLY
Y suit la commission scolaire

LA MADAME
La sainte commission scolaire

LA MÈRE D'ALICE
Commission scolaire des Trois-Monts bonjour

LE PÈRE DE BILLY
Quand t'essayes d'appeler ces mange-marde-là
Tu tombes encore sur un système de répondeurs
Qui a été pensé par une gang de fonctionneux
Qui font 75 000 par année
Pour faire des affaires qui marchent mal

LA MADAME
C'est ça c'est ça

LA MÈRE D'ALICE
Non monsieur

LE PÈRE DE BILLY
Tu finis par finir par parler
À une crisse de réceptionniste
Qui t'traite comme un cave

LA MÈRE D'ALICE
Non

LE PÈRE DE BILLY
Parce que t'as pas compris leu-z-ostie d'système
Qui s'comprend pas
Pis Miss « ça-doit-faire-dix-ans-j'ai-pas fourré-faque-chu-fru-d'la-vie »
Alle essaye de t'faire croire que t'a déranges

LA MÈRE D'ALICE
Poste 229

LE PÈRE DE BILLY
Mais que dans l'fond
Chu sûr
Alle écrit des invitations sur internet
Parce qu'a' va faire un vernissage
De des maudites peintures lettes qu'a' fait

LA MÈRE D'ALICE
C'est ça

LE PÈRE DE BILLY
Pis qu'a' vend à ses cousines pis à des madames

LA MADAME
Oué

LE PÈRE DE BILLY
Qui aiment le lette

LA MÈRE D'ALICE
Oui

LE PÈRE DE BILLY
Pis les émissions de décoration
Oùsque toute est lette pis blanc
Pis crème pis plein d'osties d'tissus
Comme l'émission de Chose là

LA MADAME
Lui y est marié
Mais si y avait voulu faire une tapette
Y en aurait faite une crisse de bonne

LA MÈRE D'ALICE
Exactement

LE PÈRE DE BILLY
On l'sait qu'a' câlisse rien dans son bureau
Non non
A' fait queque chose
A' doé s'avoir acheté l'ostie d'ceinture
Qui donne des chocs électriques
Pis que supposément ça fait maigrir
C'est ça qu'a' fait la grosse tabarnac
Pendant que nos enfants
Sont quasiment rendus trente-cinq
Dans une classe
Pleine des mêmes câlisses de p'tits bureaux
Qu'on avait nous aut'itou quand qu'on était p'tits

LA MÈRE D'ALICE
Pas tout l'temps

LE PÈRE DE BILLY
Pis pendant c'temps-là
L'orthothérapeute elle
A' court comme une mongole

LA MÈRE D'ALICE
Je sais ça

LE PÈRE DE BILLY
Pendant qu'y a pas d'budget pour elle

LA MADAME
C'est mal géré
Tu mets l'doigt d'sus là toé
C'est mal géré

LE PÈRE DE BILLY
Y a pas d'budget
Parce que la commission scolaire
A mis toute le cash disponible
Pour organiser un congrès

LA MADAME
Oué

LE PÈRE DE BILLY
Oùsqu'y vont boire du vin

LA MÈRE D'ALICE
Poste 454

LE PÈRE DE BILLY
Fourrer ent' collègues

LA MADAME
Oué

LE PÈRE DE BILLY
Rire de nous aut'

LA MÈRE D'ALICE
Poste 367

LE PÈRE DE BILLY
Se questionner su leu respiration
Faire des thérapies du rire
Pis orgarder des osties d'conférences
Oùsqu'y vont parler
D'l'importance d'assire leu gros cul d'fonctionnaires
Sur une chaise orthopédique tabarnac!

LA MÈRE D'ALICE
Eeeeh! que j'ai mal dans l'dos

LE PÈRE DE BILLY et LA MADAME
Maudit système de crisse

LA MÈRE D'ALICE
Nicole
À quel poste faut j'appelle pour une nouvelle chaise?

Acte 3

LA MADAME

Excuse-moi Jocelyne
J'voulais t'dire
Tantôt
T'aurais dû entendre ça
Y a une fille qui a appelé mes tits-gars à radio pour dire que les routes
À matin
C'est épouvantab'
Pas à moitié déneigées pis déglacées
Moins 27

LA MÈRE D'ALICE

Checke ça Alice
Checke ça
Ça fait dix minutes qu'y sont rentrés là
Ça fait dix minutes que Billy est dans l'char
Pas de fenêtre ouverte
Pis la neige qui tombe
Ben vite
On l'verra même pus Billy
Alice
Dis-toi qu'ta mère
Te laissera pas devenir niaiseuse de même

LA MADAME

«Y fait un temps d'cul à matin»
Qu'a' disait

«Y fait un temps d'cul
Faque pour ceux qui travaillent dehors
Ben courage
Pis les autres
Ben comptons-nous chanceux
De pas être dehors
À c'te température-là»
A' disait ça la fille
Alle a raison
Pis en plus
Y est tombé quarante centimètres cette nuitte
Pis ça tombe encore
Quarante centimètres
Dans une ville où l'affaire qui fucke le plus les affaires
C'est l'déneigement
C'est pas joyeux
Y a un gars itou qu'y a appellé à radio
Avec son cellullaire
T'aurais dû entendre ça
Y est dans sa vanne lui
Y roule vers le Nouveau-Brunswick
Pis paraît que ça tombe en fou dans c'coin-là
Y a dit
«Y tombe pas d'la neige
Y tombe d'la marde»
Y a dit ça
Y ont ri mes tits-gars
Pis moi itou
Pis après
Sont sua coche mes tits-gars
Y ont changé d'sujet
J'sais pas pourquoi y ont changé d'sujet
Mais y ont changé d'sujet
Y avait faite le tour
Faque y ont parlé des émissions qu'y va y avoir à soir
Pis y nous ont dit 'quelles qu'y faut qu'on r'garde

LA MÈRE D'ALICE
Envoyez !
Finissez-les vos beignes
Gros parents lettes
Billy gèle pas
On l'voit bouger
L'char vire
Mais y est quand même tout seul

LA MADAME
Ça m'fait penser
L'aut' fois au break Jocelyne
J'écoutais du monde qui jasaient pas loin d'moé
Pis sont venus sul sujet que
Ben
On l'sait toute qui a comme eu un
Un genre de mini *baby-boom* depuis queques années
On en a vu des femmes enceintes
On en voit encore
J'veux dire
Autour de nous autres
Y a des bébés yinque en masse
Tu fais yinque aller au centre d'achats
Pis c'est plein d'filles avec des poussettes

LA MÈRE D'ALICE
Arrêtez d'les regarder vos beignes
C'est pas un miroir
Vos cheveux gras
Vous les verrez pas
Su vot' beigne gras
Mangez
Pis partez à garderie
Qu'est-ce qu'y vont faire le monde qui appellent si j'suis pas là ?

LA MADAME
Je sais pas oùssé qu'y avaient pris ça c't'histoire-là

LA MÈRE D'ALICE
Mangez!

LA MADAME
Tsé la nuitte y a pas longtemps
Qu'y faisait quat' degrés pis qu'y pleuvait?

LE PÈRE DE BILLY
Check
C'est Ghislain pis Sandra
Bon
Encore vous aut'?
On est timé hein!

LA MÈRE D'ALICE
Mangez!

LA MADAME
La slotche partout toé

LE PÈRE DE BILLY
Assisez-vous

LA MADAME
D'la pluie en février

LE PÈRE DE BILLY
J'sais pas comment tu fais pour manger ça toé
Moé j'ai pris ça l'aut' fois
Pis j'ai eu des tites graines noires
Pognées dins dents jusqu'à fin d'la journée

LA MADAME
Ben y a une fille pas loin du gars qui disait ça au break
Genre son amie ou amie de ses amis
Ou amie d'sa blonde
Y l'a pas dit

LE PÈRE DE BILLY
Oui oui
Moé itou j'ai entendu parler de d'ça

LA MADAME
La fille est dans l'début d'sa grossesse
A' va à l'urgence parce qu'alle a mal au ventre
C'est normal
C'est nerveux
Tout l'monde est nerveux dans c'temps-là
En tout cas
Moé je l'aurais été

LE PÈRE DE BILLY
Chose là qui fait des entrevues après les nouvelles
Y a jasé avec le minisse lette l'aut' fois

LA MADAME
La fille à l'urgence
Alle attend
Alle attend
Alle attend encore

LE PÈRE DE BILLY
Pis c'crisse-là
Tout c'qu'y trouvait à dire
C'est « c'est à cause de l'épidémie de gastro
C'est à cause de l'épidémie de gastro »

LA MADAME
Une heure
Quatre heures
Dix-quinze-vingt heures

LA MÈRE D'ALICE
Mangez !

LE PÈRE DE BILLY
On l'sait qu'y a *un* épidémie
On écoute les nouvelles tabarnac
Mais quand même
Ça a pas d'sens

LA MADAME
T'imagines-tu comment la fille doit s'sentir?

LE PÈRE DE BILLY
J'serais curieux moé de checker su internet
Pour savoir si y a yinque icitte
Que quand l'monde pognent la gastro
Y font quinze menutes aux nouvelles 'ec ça

LA MADAME
Est tout seule là elle

LE PÈRE DE BILLY
Pis là le ministre lette
Avec son crisse d'accent lette
De sa maudite région lette
Oùsque les gars fourrent leu cousines
Parce que y ont pas l'choix
Les filles qui aiment les pick-up
C'est toutes leu cousines

LA MADAME
Vingt heures

LE PÈRE DE BILLY
Y dit
« Faut pas exagérer
Dans certains coins ça va très bien »

LA MÈRE D'ALICE
J'vas pas bien

LE PÈRE DE BILLY
Ça va très bien
Crisse
J'veux ben
Oùsqu'y fait tout l'temps frette
Pis que le sport national
C'est d'rire des Indiens soûls
Ben là-bas
Ça va très bien dins urgences

LA MADAME
Pis la fille
Un moment donné

LA MÈRE D'ALICE
J'vas pas bien

LA MADAME
Alle a mal au ventre
Ça r'ssemble à une envie d'pisser
Mais a' sait que c'est pas ça
Alle a peur

LA MÈRE D'ALICE
Faut j'aille aux toilettes

LE PÈRE DE BILLY
« L'attente est très normale dans les urgences »
J'suis ben daccord
Sont trois cents dans leu crisse de village
Peux-tu aller m'en chercher un aut' de même
Mais pas d'pépittes mon amour ?

LA MÈRE D'ALICE
Qu'est-ce qu'y fait là lui ?
Qu'est-ce qu'y fait là ?
Vous l'passez avant moi ?

Y a pas l'air malade pantoute
Y est yinque soûl raide

LA MADAME
Alle a pas d'chambre la fille
Est même pas dans un corridor su une civière
Y l'ont pas encore vue
Est au milieu de tout l'monde dans salle d'attente

LE PÈRE DE BILLY
Dans c'tes villages-là
Si y croisent quequ'un au dépanneur
C'est un gros événement dans leu journée
Leu maison est icitte
Pis pour aller chez l'voisin
Tu prends ton char
Pis y a l'temps d'être chaud ton char
Quand t'arrives chez ton voisin
Y peut ben pas en avoir d'épidémie de gastro
Le microbe meurt au frette
Avant d'arriver su quequ'un

LA MÈRE D'ALICE
Toi là
Tu peux ben t'cacher derrière ton comptoir
Mais j'te souhaite
Que quequ'un qu't'aimes soye malade
Pis qu'y soye pogné pour attendre comme moi

LA MADAME
A' s'lève la fille
A' va dans des toilettes
Que charche la dernière fois que ça a été lavé!
A' s'assit pis

LA MÈRE D'ALICE
Reste avec moi

LE PÈRE DE BILLY
Ça peut ben être jusse correct dans l'urgence
Y a pas d'population câlisse

LA MÈRE D'ALICE
Reste avec moi

LE PÈRE DE BILLY
Pour moé on est plus de monde
Ent' la rue icitte pis la rue là
Que dans toutes c'tes osties d'coins pardus-là

LA MADAME
A' perd son bébé
Dins toilettes de l'urgence

LE PÈRE DE BILLY
Le minisse lette
J'y souhaite d'la pogner la gastro

LA MÈRE D'ALICE
Non!

LE PÈRE DE BILLY
Pis de se chier l'corps
Jusqu'à temps qu'y chise son crisse d'accent lette

LA MÈRE D'ALICE
Non!

LA MADAME
Dins toilettes
Pas su une civière avec des infirmières pour l'aider
Pas dans une chambre
Pas avec au moins un peu de dignité

LE PÈRE DE BILLY
On paye des taxes tabarnac

LA MADAME
Aux toilettes !
Imagine la fille
A' voit c'te tite affaire-là
Avec des débuts d'jambes
Des grands yeux
Pis des p'tits débuts d'bras
Qui est là qui flotte dans bol

LE PÈRE DE BILLY
Ça prendrait un ménage
Un vrai bon ménage
Y disent toutes qu'y vont l'faire
Mais y l'font pas

LA MADAME
A' braille là tout seul
Pendant que l'urgence
Est pleine
La fille
A' met le p'tit fœtus dans du papier d'toilette
A' met la tite affaire avec des débuts d'jambes
Des grands yeux
Pis des débuts d'bras
Dans le papier d'toilette

LE PÈRE DE BILLY
Entécas
Qu'est-ce tu veux qu'on fasse tabarnac
Quand même qu'on dirait queqchose
C'te monde-là se crissent de nous aut'

LA MÈRE D'ALICE
Mon bébé est dans du papier d'toilette
Faut-tu te l'montrer niaiseuse
Dans quelle société qu'on est ?
J'paye des impôts moi

J'travaille à Commision scolaire des Trois-Monts
Pis mon travail c'est utile
Tes enfants deviendront peut-être pas des *loosers*
Comme toi dans vie
Parce que y a du monde comme moi
Pour s'en occuper
Pis j'paye mes taxes
Pis ça fait 19 heures que j'suis icitte
Mon bébé est mort
Ça t'en prend-tu plus ?

LE PÈRE DE BILLY
C'est comme le père à chose-là
Qui est dans un cent' de vieux
Y est tombé à terre l'soir
Pis l'ont r'levé l'lendemain midi

LA MÈRE D'ALICE
Touchez-moi pas

LE PÈRE DE BILLY
Chose paraît qu'y était en crisse après l'gars
Qui est supposé faire des ronnes la nuitte
Y a faite des téléphones
Toute ça pour parler à du monde
Que toute c'qu'y avaient à dire
C'est que c'est pas d'leu faute
Faque y a rien qui a changé
C'est syndiqués ça câlisse gros comme l'bras
L'gars fesserait su l'vieux à coups d'pied
Que l'syndicat trouverait l'tour de dire
Que c'tait pour son bien

LA MÈRE D'ALICE
Appelle-la la police
Appelle-la

LE PÈRE DE BILLY
Chose y conte ça
Pis y a l'moton en crisse
Heille
Savoir que ton père a passé la nuitte à terre
Moé là
Si j'filmais quequ'un en train d'faire ça à mon pére
J'enverrais pas ça à la pas vite des nouvelles
Que sa job
C'est yinque montrer les photos
Que l'monde ont pris chez eux
Non non
J'irais y faire une crisse de peur au gars

LA MADAME
La fille
Dans ses mains
Le début d'bebé

LE PÈRE DE BILLY
Tu pognes un hamster
Tu l'crisses à terre
Pis tu câlisses un coup d'pied d'sus

LA MADAME
A' va s'informer à réceptionniste niaiseuse
Qui fait 75 000 par année
Pis qui est syndiquée gros comme le bras
Pis c'nouille-là
A' y dit d'ortourner s'asseoir dans salle d'attente
Avec le p'tit fœtus dans le papier de toilette
Dans ses mains
Qu'y sont vraiment à veuille de l'appeler

LE PÈRE DE BILLY
Sont sortis hein ses yeux?
Ben la prochaine fois

C'est les tiens mon tabarnac
Qui vont sortir de même!

LA MADAME
La fille alle ortourne attendre
Pis là
Qui c'est qu'a' voé autour d'elle encore?
Hein?
Qui c'est qui la fulle l'urgence?

LE PÈRE DE BILLY
T'as ben raison pour l'épidémie
C'est jusse une défaite
Y nous mentent en pleine face

LA MADAME
Des BS

LE PÈRE DE BILLY
Y s'pettent la face le premier du mois
Y vont passer tout l'reste de c'te même mois-là
À courir les banques alimentaires
À trouver que y a trop de brocolis
Pis pas assez d'chips
Dans leu paniers qu'y s'font donner
Pis à s'assire devant leu tv pas payée
En s'décrottant les ongles
Jusqu'au prochain premier du mois
Où y vont ortourner fuller l'urgence
Aux États-Unis tabarnac
C'est des coupons d'bouffe qu'y donnent
Pas d'l'argent
Un BS des États peut pas fuller son char de liqueurs
De biéres pis d'cartoones de cigarettes
C'est du manger calvaire qu'y a l'droit d'avoir
Icitte/

LA MADAME
Faque la fille a probablement fini par voir quequ'un
Pis est r'partie chez eux
À pluie

LE PÈRE DE BILLY
Jamais qu'y vont faire ça
Y ont ben trop peur
Des mêmes câlisses qui sortent dans rue pour toute

LA MADAME
C'était un samedi
Les rues étaient pleines de slotche
Mais faire rentrer des gars d'la ville
Pour ramasser ça un samedi
Ça coûte un méchant bras la fin d'semaine les gars d'la ville
Temps triple
Chu sûre
Faque la ville les laisse chez eux
Pis nous autres
C'est « Débrouillez-vous les innocents »

LE PÈRE DE BILLY
Anyway
On dirait que la câlisse de Terre
Arrête de tourner le premier du mois

LA MADAME
Entoucas

LE PÈRE DE BILLY
Tu vas au guichet
Y a une câlisse de file
Les *colds* de biéres des dépanneurs sont vides
Pis y boivent de l'ostie d'marde
D'la Carling forte

D'la extra-extra dry
Y peuvent pas boire d'la Budweiser
Comme tout l'monde
Ces crisses de cheaps-là ?
Pis les stands de billets d'loto sont pleins
Pis l'casino est plein
Pis y prennent des taxis
Y s'font livrer des affaires

LA MADAME
Qu'est-ce tu veux qu'on fasse ?

LE PÈRE DE BILLY
J'te dis que tabarnac
Moé j'te ferais un ostie d'ménage
Y en a qui sont corrects
Y en a qui sont corrects
Mais tabarnac
La dette a' monte pendant c'temps-là

LA MADAME
Comme mes tits-gars d'la radio l'ont déjà dit
« Les associations de défense de BS de marde
Dites pas qu'c'est pas vrai
C'est vrai »

LA MÈRE D'ALICE

.
C'est correct
C'est correct Alice
Maman a juste/

LA MADAME
« Parlez aux polices
Parlez aux ambulanciers
Parlez aux infirmières »

LA MÈRE D'ALICE
Alice
J'suis sûr que ça aurait été un gars

LA MADAME
«Y vont vous le dire»

LA MÈRE D'ALICE
Un p'tit homme
Not' p'tit homme d'la maison

LA MADAME
«Le premier du mois
Les urgences sont pleines de BS
Qui en plus sont arrivés en ambulance
Pourquoi?
Parce qu'est gratis»

LE PÈRE DE BILLY
Entécas
Qu'est-ce tu veux qu'on fasse tabarnac
Quand même qu'on dirait queqchose

LA MÈRE D'ALICE
Si tu penses gros lard
Que j'vas t'laisser gâcher la vie d'ton enfant

LE PÈRE DE BILLY
Ça changera rien calvaire

LA MADAME
Vu qu'y sont su l'aide sociale
Y peuvent pas s'payer ça *un* ambulance
C'est nous autres qui payent

LA MÈRE D'ALICE
Gros bon rien de BS de sale

LA MADAME
Toé Jocelyne
Je l'sais que'tu ferais pas ça
Mais si tu t'soûles la gueule un soir
Pis qu'tu tombes à terre
Pis qu'tu t'fends la moitié d'la face
Si t'appelle *un* ambulance
Tu vas la payer
Pourquoi que c'est pas de même pour tout l'monde?
Pourquoi que l'égalité
Ça a pus sa place?

LE PÈRE DE BILLY
Moé mes beignes
J'l'es paye
J'les fais pas payer par quequ'un d'autre

LA MÈRE D'ALICE
J'suis sûre que Billy
Tu l'laissais brailler la nuit
Quand y était bébé

LA MADAME
C'est comme le gros BS du bloc à ma sœur
Y s'est faite payer une chaise roulante électrique
Parce qu'y a mal aux genoux l'gros lard

LE PÈRE DE BILLY
J'sais que c'est d'la marde mes beignes
Mais j'la paye ma marde
Chu libre parce que c'est mon argent à moé

LA MÈRE D'ALICE
Trop lâche pour te lever
Tu devais même pas être là à l'accouchement

LA MADAME
Correct
Correct

LE PÈRE DE BILLY
Moé itou
Crisse aider l'monde
Chu prêt

LA MÈRE D'ALICE
Regarde Alice
Y vient d's'essuyer à bouche
Avec sa manche

LA MADAME
Voyons donc Jocelyne
Qu'est-cé qu't'as?
Qu'est-cé qu'j'ai dit?

LE PÈRE DE BILLY
Mais que mon argent

LA MÈRE D'ALICE
Tu sais pas vivre!

LE PÈRE DE BILLY
Mon câlisse d'argent
Qui sort de mes poches
À coups de 50% d'mon salaire
Ben que mon argent
A' paye du monde qui s'pogne le cul su mon dos
J'commence à en avoir ras l'ostie d'pompon
Attends un peu les prochaines élections câlisse
Ceux qui promettent des osties d'programmes
De ci pis de ça à tout l'monde
Y vont sécher en tabarnac

Là là
Crisse
Heille

LA MADAME
J'm'excuse
Mon doux

LE PÈRE DE BILLY
Ça prendrait un ménage
Un vrai bon ménage
Y disent toutes qu'y vont l'faire
Mais y l'font pas

LA MÈRE D'ALICE
Envoye
Grouille ton gros cul gros lard

LE PÈRE DE BILLY
Heille
Faut y aller là nous aut'
Chu déjà en retard
À demain
Peut-être

LA MÈRE D'ALICE
Y sortent
Envoyez
C'est ça
Embarquez dans vot' char
C'est ça
Attachez-vous
Déjà que vous nous coûtez assez cher
Faudrait pas qu'en plus
Vous vous plantiez pas attachés en char
Pis que vous passiez le reste de vot' vie d'marde

À aller chez l'chiro su not' bras
Bon

Parlez-y au p'tit Billy
Virez-vous vers lui
Envoyez
Dites-y
Je sais pas
Dites-y
« On s'excuse
Ça a été plus long qu'on pensait »
Dites-y queqchose
« On a oublié de t'amener à manger
On s'excuse »
Ben non

J'vous suis
On s'en va à garderie

Acte 4

LE PÈRE DE BILLY
M'a t'expliquer queque chose moé Martine
Ma blonde a' checke la tête des p'tits toués matins
La journée que t'as dit au p'tit qu'y avait des poux
A' y avait checké à tête
Pis tu y dis ça à lui
Pis y revient à maison
Pis y fait
« C'est moi qui a des poux »
Pis c'est nous aut' qui l'consolent
Crisse de niaiseuse
Faque là/
Laisse-moé parler tabarnac
Ton ostie de jugement su nous aut' de câlisse
Tu vas l'garder pour toé

Pourquoi ça serait pas ta fille à toé
Qui a amené les poux dans garderie ?
A' les a peut-être pognés au ski ?
Parce que vous aut' vous faites du ski
Tu laisses toutes les crisses de *tapes* de billets de ski sul zippeur
Pour être certaine qu'on sache que vous faites du ski
Toutes les fins d'semaine
Pour être certaine que nous aut'
On aye à expliquer à nos p'tits
Qu'on a pas de *tape* su nos zippeurs
Parce qu'on a pas les moyens de monter dans l'nord

Pour faire du crisse de ski
Que nous aut'
On va jusse au parc à côté
En d'ssour d'*un* autoroute
Où y doit passer vingt mille chars par jour
Faque là/
Laisse-moé parler tabarnac

Déneige ton char pis mets ton flasheur sans-dessein!

Crisse
Si ça t'fait mouiller tant qu'ça
Si t'aimes ça flasher 'ec tes *tapes* sul zippeur
Comment ça que tu colles pas itou
La facture d'la crisse de *soute*
Dans l'dos d'la *soute* de ta fille?
Hein?
Pis imprime-toé des t-shirts tant qu'à y être
Avec ton salaire écrit d'sus
Pis viens nous narguer câlisse
Pas d'gêne
Pis dans l'dos
Tu feras des listes
De toutes les osties d'téléséries que t'achètes
Que t'achètes
T'es loues pas
T'es achètes toé
Pis t'invites du monde chez vous
Pas pour les voir eux aut'
Mais pour qu'eux aut'
Voient toutes tes osties d'coffrets d'téléséries
Ben classés
Quasiment shinés crisse
À côté d'tes livres 'ec des recettes
Que t'as toutes déjà vues à tv
Mais pas question de jusse prend' un papier

Pis un crayon
Pour la noter l'ostie d'recette
Non non
Ça t'prend l'livre pour montrer au monde
Que toi tu manges pas d'la marde
Toé tu fais pas l'souper
Toé tu cuisines
Tu crées
Ostie

Faque/
Faque astheure Martine
Prends ton gaz égal

LA MÈRE D'ALICE
Ça achève Billy
J'vas parler moi
J'vas l'dire
Dans deux minutes
On est là

LE PÈRE DE BILLY
Billy ?
Ta musique est finie
Papa va l'ormette ta compil

LA MADAME
Monique !
Monique !
Es-tu ben assis ?

LE PÈRE DE BILLY
Chez-nous à la maison
C'est moi le grand garçon
J'aime ça toucher à tout
J'm'appelle Caillou

Autour de moi c'est tellement beau
Tous les jours y a du nouveau
J'trouve des amis partout
J'm'appelle Caillou
J'ai du plaisir
Je n'ai peur de rien
Car papa et maman ne sont jamais bien loin

Même si je suis grand
Je pleure de temps en temps
Ça n'dure jamais longtemps
J'm'appelle Caillou

Autour de moi c'est tellement beau
Tous les jours y a du nouveau
J'trouve des amis partout
J'm'appelle Caillou

J'ai du plaisir, je n'ai peur de rien
Car papa et maman ne sont jamais bien loin

Même si je suis grand
Je pleure de temps en temps
Ça n'dure jamais longtemps
J'm'appelle Caillou

Caillou c'est moi,
J'm'appelle Caillou
Caillou c'est moi

Hihihi
Voilà

LA MADAME
Écoute ben ça

LA MÈRE D'ALICE
Laisse-moi l'parking

LE PÈRE DE BILLY
C'est bon
C'est bon mon homme

LA MÈRE D'ALICE
Laisse-moi l'parking

LE PÈRE DE BILLY
On est chanceux
Y reste yinque un parking

LA MÈRE D'ALICE
M'as m'parker où moi?
Dans l'banc d'neige?

LE PÈRE DE BILLY
M'as rester calme
M'as rester calme
J'sais vivre

LA MÈRE D'ALICE
Gros lard!

LE PÈRE DE BILLY
On rent'
On va porter Billy dans son local
Pis après
On va voir Martine
Pis j'serai pas bête

LA MÈRE D'ALICE
J'te manquerai pas certain mon gros

LA MADAME
T'en reviendras pas Monique
Je jasais avec Jocelyne

Tsé le matin qu'on gelait
Qu'y faisait moins 27
Pis qu'y était tombé quarante centimètres
Pis j'sais pas pourquoi
A' m'a avoué qu'a' pensait peut-être s'acheter
Un scooter
Pas une mobylette
Un scooter
C'est l'vrai mot pour l'espèce de mélange
De chaise roulante pis de char de golf
Qui transporte les gros
Heille
A' reste à quat' menutes à pied du marché
Est capable marcher avec des sacs
C'est l'scooter au marché
Pis après ça va être quoi?
Le scooter au bureau?

LE PÈRE DE BILLY
Martine
Chu d'mauvaise humeur
Chu d'mauvaise humeur
J'vas rester polie là
Mais chu d'mauvaise humeur

LA MADAME
C't'une mode les scooters
Mais j'ai ben peur qu'a' passe pas c'mode-là

LE PÈRE DE BILLY
C'est quoi ça c't'affaire-là d'poux?
Y a pas d'poux chez nous
Martine tabarouette
Là Billy arrive en braillant l'aut' jour
Parce que tu y as dit qu'y avait des poux
Là

Martine
C'est platte là ça

LA MADAME
À mon marché à moé l'été passé
Y a un jeune qu'y s'amusait su son *skate*
Devant une gang de gros
Qui fumaient su leu scooters dehors
Y essaye de sauter trois-quatre marches
En faisant virer le *skate* dins airs
Y s'plante
Y en a une su son scooter
Qui s'met à chiâler après l'jeune
Lui
Y fait des efforts pour sauter l'escalier
Elle a' fume dans son scooter
Le jeune l'a jusse envoyée chier
Mais y y aurait sacré un coup de *skate* dans face
Que c'est juste ça qu'alle aurait mérité

LA MÈRE D'ALICE
Heille

LE PÈRE DE BILLY
Oué ?

LA MÈRE D'ALICE
T'avais faim ?

LE PÈRE DE BILLY
Quoi ?

LA MÈRE D'ALICE
T'avais faim ?

LE PÈRE DE BILLY
De quoi j'avais faim ?

LA MÈRE D'ALICE
Faites-vous ça toués matins
Aller vous bourrer d'beignes?

LE PÈRE DE BILLY
C'est quoi là?

LA MADAME
J'parle pas dans son dos pantoute

LA MÈRE D'ALICE
Faites-vous ça toués matins
Laisser vot' p'tit dans l'char
Pis rien acheter pour lui?

LE PÈRE DE BILLY
T'es qui toé?

LA MÈRE D'ALICE
J'vous ai vus
J'vous ai suivis

LA MADAME
Tu sauras Monique
Que c'est parce que je l'apprécie Jocelyne
Que j'm'en fais pour sa santé

LE PÈRE DE BILLY
De quoi tu t'mêles?

LA MÈRE D'ALICE
J'vous ai vus sortir de chez vous
Pis aller manger des beignes
Pis laisser Billy dans l'char
Pis même pas de fenêtre ouverte

LE PÈRE DE BILLY
Voyons
J'me fais-tu niaiser là moé?

LA MADAME
Je juge pas pantoute !

LA MÈRE D'ALICE
Martine
Je viens d'les voir se clancher deux beignes
T'as manqué ça
Y partent de chez eux

LE PÈRE DE BILLY
Ta yeule

LA MÈRE D'ALICE
Y rent' au Donut
Y laissent Billy dans l'char

LE PÈRE DE BILLY
Ta câlisse de yeule

LA MÈRE D'ALICE
Pas de fenêtre ouverte
Pis y s'clanchent deux gros beignes

LE PÈRE DE BILLY
J'm'excuse
Mais j'pense que j't'en train de devenir en câlisse là

LA MADAME
Correct

LA MÈRE D'ALICE
Martine

LA MADAME
Correct

LA MÈRE D'ALICE
Tu l'as vu comme moi
Que Billy a faim quand y arrive ici ?

Tu l'as vu ?
Hein ?

LA MADAME
T'es pas à veuille de m'orvoir maudite face lette

LE PÈRE DE BILLY
Martine
Pourrais-tu m'laisser régler ça tout seul
A'ec c'te folle-là ?

LA MÈRE D'ALICE
Y s'est garroché dins épluchures l'aut' fois ton p'tit
Y a faim
Jade

LE PÈRE DE BILLY
Heille heille heille

LA MÈRE D'ALICE
Toi dans ton groupe des Coccinelles
T'as jamais eu ça des parents
Qui laissent le p'tit dans l'char
Dans l'char qui vire
Pendant qu'eux autres mangent des beignes ?

LA MADAME
Y a-tu yinque à radio qu'y a du monde de parlab' ?

Elle ouvre sa radio.

LE PÈRE DE BILLY
T'as un problème toé ?

LA MÈRE D'ALICE
Vous êtes trop lâches pour le faire déjeuner ?
Pis c'est dangereux laisser un enfant dans un char
Pas de fenêtre un peu ouverte

LE PÈRE DE BILLY
Justement
Ètait ouverte la fenêtre

LA MÈRE D'ALICE
Non

LE PÈRE DE BILLY
Ètait ouverte
Pas beaucoup
Parce qu'y neige
Je l'sais pas si tu l'as vu
Mais y neige
Pis y fait frette
Mais le char virait oui
'ec la fenêtre un peu ouverte
That's it

LA MÈRE D'ALICE
Ètait pas ouverte
Je l'ai vue

LE PÈRE DE BILLY
Anyway tabarnac
Même si la fenêtre avait été fermée
Qu'est-ce ça change?

LA MÈRE D'ALICE
C'est dangereux

LE PÈRE DE BILLY
T'es folle toé

LA MÈRE D'ALICE
Ça prend d'l'air dans un char

LE PÈRE DE BILLY
Pas besoin d'une vitre ouverte
Pour avoir de l'air dans un char

LA MÈRE D'ALICE
Irresponsable!

LE PÈRE DE BILLY
Va chier!

LA MÈRE D'ALICE
Irresponsables
De maudits jeunes qui font des enfants ben trop jeunes

LE PÈRE DE BILLY
Farme ta crisse de yeule tabarnac
Heille wô la ostie
Qu'est-cé qu'y s'passe?
Qu'est-cé j'ai faite moé à matin?
J'ai pas charché ça une crisse de menute

LA MÈRE D'ALICE
Ça fait un maudit bon père
Ça fait un maudit bon père un gros comme toé
Gros lette/

LE PÈRE DE BILLY
Heille là ciboire

LA MÈRE D'ALICE
On laisse la fenêtre du char un peu ouverte

LE PÈRE DE BILLY
Voyons crisse
Quequ'un qui fait quinze heures de char en ligne
Y a-tu besoin d'laisser la fenêtre un peu ouverte
Pendant les quinze heures d'la ronne
Pour être sûr de pas manquer d'air
Dans son crisse de char?

LA MÈRE D'ALICE
C'est dangereux

LE PÈRE DE BILLY
Y a de l'air dans un char
À moins de bloquer l'egsâs pis de l'envoyer en d'dans
Y a de l'air dans un char
Faque crisse-moé patience
'ec ta fenêtre un peu ouverte

LA MÈRE D'ALICE
Pis pourquoi vous l'rentrez pas Billy d'abord?
Un beigne de plus
C'est trop cher?

LE PÈRE DE BILLY
Tabarnac

LA MÈRE D'ALICE
T'as pas eu envie d'aller à l'école plus longtemps
Pis d'travailler gros lard?

LE PÈRE DE BILLY
J'travaille câlisse

LA MÈRE D'ALICE
Ben oui

LE PÈRE DE BILLY
J'travaille tu sauras crisse de folle

LA MÈRE D'ALICE
Tu dois avoir une maudite bonne job

LE PÈRE DE BILLY
J'pose des babillards

LA MÈRE D'ALICE
T'es-t-utile à société toi

LE PÈRE DE BILLY
Tu sauras tabarnac
Que pour quequ'un qui a besoin d'un babillard
C'est important un babillard

LA MÈRE D'ALICE
Pis tu penses tellement à tes babillards
Quand tu vas t'bourrer d'beignes
Que tu laisses ton p'tit dans l'char
C'est trop dur le sortir du char ?

LE PÈRE DE BILLY
Y aime pas ça

LA MÈRE D'ALICE
Toutes les enfants aiment les beignes

LE PÈRE DE BILLY
Y aime pas rentrer

LA MÈRE D'ALICE
C'est dangereux laisser un p'tit dans l'char
Les pédophiles/

LE PÈRE DE BILLY
Le char vire
La chaufferette marche

LA MÈRE D'ALICE
Les pédophiles/

LE PÈRE DE BILLY
On barre le char

LA MÈRE D'ALICE
Pis ?

LE PÈRE DE BILLY
On barre le char tabarnac
Barrer le char
On met pas une pancarte dans l'*windsheil*
Où qu'c'est écrit
« Mon p'tit est dans l'char
Venez l'fourrer »
Crisse
Pis on s'place sul bord d'la vitre
Sul bord d'la vitre
Pis on checke
On checke

LA MADAME
Jocelyne !

LE PÈRE DE BILLY
Lui
Y est ben content
Y écoute sa musique dans l'char
J'y mets sa compil
Y chante
Tranquille
Y aime ça
On orvient dans l'char
Pis y est ben d'bonne humeur

LA MADAME
Jocelyne !

LA MÈRE D'ALICE
Billy
Qu'est-ce t'as mangé à matin ?

LE PÈRE DE BILLY
Heille toé
Sors du local parce que là là

LA MÈRE D'ALICE
Billy
Qu'est-ce t'as mangé à matin?!
Viens icitte Billy

LE PÈRE DE BILLY
Que j'te voye y toucher

LA MADAME
Faut que j'te parle Jocelyne!

LA MÈRE D'ALICE
Billy
Qu'est-ce t'as mangé mettons hier soir Billy?
Hein?
Des chips?

LE PÈRE DE BILLY
Tabarnac de câlisse là/

LA MÈRE D'ALICE
Des crottes de fromage?
Ou ben t'as rien mangé?

LE PÈRE DE BILLY
Martine tabarnac

LA MADAME
Oùssé qu't'es?

LA MÈRE D'ALICE
Des bonnes crottes de fromage!

LE PÈRE DE BILLY
Au lieu d'nous crisser après
À cause de des osties d'poux
Tu devrais t'arranger pour que c'te folle-là
Rent' pas dans garderie

LA MADAME
Jocelyne!
Joce/
Non
Non non

LA MÈRE D'ALICE
Files-tu cheap au moins?
Files-tu cheap?
On traite pas un enfant d'même
On fait pas ça
On l'traite comme du monde
On y donne d'autres choses que des crottes de fromage
On s'arrange pour qu'y mange comme du monde

LE PÈRE DE BILLY
C't'assez là câlisse

LA MÈRE D'ALICE
On le rent' quand qu'on rent' queque part

LE PÈRE DE BILLY
Là j'me ferai pas insulter comme un ostie d'moron

LA MÈRE D'ALICE
On fait des activités

LA MADAME
Tu m'as dit que tu pensais acheter un scooter
Pas que t'allais acheter un scooter!

LA MÈRE D'ALICE
On marche
On patine

LE PÈRE DE BILLY
Y a des claques sua yeule
Qui s'pardent icitte à matin

LA MÈRE D'ALICE
On fait du ski

LA MADAME
Moi qui viens pour me confier pis toé/
T'as pas honte?

LA MÈRE D'ALICE
Mais on fait des choses avec

LA MADAME
T'es pas handicapée Jocelyne
T'as pas d'affaire à acheter ça

LA MÈRE D'ALICE
On l'laisse pas bretter
On s'arrange pour y apprendre que la vie

LE PÈRE DE BILLY
Heille

LA MÈRE D'ALICE
C'est pas yinque manger des beignes
Pis essayer d'être de plus en plus serré

LE PÈRE DE BILLY
Crisse

LA MÈRE D'ALICE
Dans ses crisses de culottes de jogging
Billy
Y mérite pas de devenir un gros bon rien comme toé
Qui s'bourre de crottes de fromage

LE PÈRE DE BILLY
Chu préposé à l'installation
Et à l'entretien du matériel d'affichage!
Chu pas un bon rien!
Pis chu un bon pére tabarnac!

LA MÈRE D'ALICE
Ben oui

LA MADAME
T'es pas mieux que personne Jocelyne Boivin
T'as faite comme toutes les autres gros
Qui ont mal dins genoux
Pis qu'au lieu d'maigrir
Y s'font faire un billet d'médecin
Pour que la société leu paye un crisse de scooter
J'serais gênée moé

LE PÈRE DE BILLY
Crisse

LA MÈRE D'ALICE
T'es l'meilleur père tant qu'à y être ?

LE PÈRE DE BILLY
C'est quoi l'premier couplet d'Caillou ?

LA MÈRE D'ALICE
Quoi ?

LA MADAME
Pis manger d'la salade ?

LE PÈRE DE BILLY
C'est quoi le premier couplet de Caillou câlisse ?

LA MADAME
Pis prendre du collagène pour tes genoux
Ça t'tentait pas ?

LA MÈRE D'ALICE
C'est quoi là c'est/

LE PÈRE DE BILLY
T'as un enfant si tu sais l'code pour rentrer icitte
Faque toé 'tou t'es pognée pour écouter Caillou
Tu sais c'est quoi l'premier couplet d'Caillou?
Chante-moé-lé

LA MÈRE D'ALICE
Je chanterai pas pour toé gros mongol

LE PÈRE DE BILLY
Ryan
Ryan
Viens icitte
T'aimes ça Caillou toé?
La madame va t'chanter la chanson

LA MÈRE D'ALICE
Heille

LA MADAME
«Qu'est-cé qui m'prend?
Qu'est-cé qui m'prend?»

LE PÈRE DE BILLY
Chante!

LA MÈRE D'ALICE
Chez-nous à la maison
C'est moi le grand garçon
J'aime ça toucher à tout
J'm'appelle Caillou

LE PÈRE DE BILLY
Tu dis merci à madame mon Ryan
Bon
Envoye va manger ton yogourt

LA MADAME
Tu l'saurais c'qu'y m'prend si toé itou tu t'informais
Tu l'saurais si à matin
T'avais faite autre chose que t'assire
Pis parader su ton scooter
Pis regarder de comment d'pouces
Que l'cul t'déborde
De chaque bord de ton siége de scooter

LA MÈRE D'ALICE
Qu'est-ce tu veux?

LE PÈRE DE BILLY
Tu l'sais hein l'premier couplet?
Tu l'sais
Tu l'as entendu je l'sais pas combien d'dizaines de fois pis tu l'sais
Pis ton flo itou y doit l'savoir
Mais Billy ça a été long
Ça a été long
C'est plus long pour lui
Apprend' des affaires
C'est pas d'tes câlisses d'affaires pourquoi
Mais c'est plus long
Y prononce pas ben
Pis on s'pratique à maison
On pratique en char
Pis l'matin qu'y a réussi à chanter l'premier couplet
J'y ai donné une crotte de fromage
Une crotte de fromage
Ça y a faite plaisir
Mais tabarnac après ça
Ma blonde était en crisse
En arrivant icitte
Martine m'a r'gardé comme d'la marde elle itou

Pis a' s'est mis dans tête
Que les poux partaient de che' nous
À cause de ça
Heille
Billy serait arrivé 'ec un œil au beurre noir à garderie
Que l'paquet de pincés qui travaillent icitte
M'auraient pas plus orgardé
Comme si j'étais l'pire des crisses de morons
À cause de c'te crotte de fromage-là
Pis toé dans ta tête
Chu un ci pis un ça
Pis un ostie de bon rien
Ben tu te trompes en ostie
Anyway
T'es qui toé?
C'est quoi ton ostie de problème?
Qu'est-ce tu fais icitte à matin?
Hein?
Qu'est-ce tu fais icitte?

LA MÈRE D'ALICE
Comme tout l'monde
J'suis venue porter ma fille

LE PÈRE DE BILLY
Ta fille?

LA MÈRE D'ALICE
Alice
Ma fille Alice

LE PÈRE DE BILLY
Est où?
Est où Alice?
T'es rentrée tout seule icitte
Comme une crisse de folle

LA MÈRE D'ALICE
Alice
Alice !

LA MADAME
À radio qu'y viennent de dire ça

LA MÈRE D'ALICE
Alice !

LA MADAME
C't'arrivé l'même matin
Que mon crisse de fou en bicyk

LA MÈRE D'ALICE
Alice !

LE PÈRE DE BILLY
Je l'sais-tu moé pourquoi qu'a' vient d'sortir ?

LA MADAME
La folle
A' part
A' va porter sa fille à garderie
On sait même pas si a' va la porter
Parce qu'a' travaille
Une niaiseuse de même d'habitude
Ça travaille pas
Ça gruge les allocations familiales des enfants
Pis ça parle au téléphone
Pis ça bricole

LE PÈRE DE BILLY
J'vas filmer si j'veux câlisse !
Mêle-toé d'tes câlisses d'affaires
Pis va faire traverser les flos

C'est à ça qu'tu sers
Ben fais ça

LA MADAME
Ça a 30
35
40 ans crisse ces folles-là
Pis ça bricole
Pis ça écoute des émissions de bricolage

LE PÈRE DE BILLY
Qu'est-ce tu veux j'fasse?

LA MADAME
A' va porter sa fille à garderie
Me semble
À température qu'y faisait
Alle aurait pu la garder à maison sa p'tite

LE PÈRE DE BILLY
Sont déjà six autour du char
J'vois pas à quoi que j'servirais

LA MADAME
Pour se parker
A' s'pogne de l'air
Alle orcule dans l'banc d'neige
Parce que c'est plein d'osties d'bancs d'neige
Parce que les gros morons syndiqués d'la ville
Quand y tombe au-dessus de trente centimètres
Y 'a tassent la neige
Y 'a ramassent pas

LE PÈRE DE BILLY
A' se parke là câlisse
A' rent' dans garderie
Pis a' commence à m'tomber dans face

LA MADAME
Sans la petite
Sans
La
Petite

LE PÈRE DE BILLY
Moé
Chu resté calme

LA MADAME
La p'tite a' resse dans l'char
A' laisse l'char virer
Avec la p'tite attachée dans son siège de char
La p'tite tout seule dans l'char
A' rent' sans la petite
Pis a' jase là avec du monde
A' jase
Quasiment dix minutes à jaser
Pis la p'tite est dans l'char

LE PÈRE DE BILLY
Je l'sais câlisse que j't'en r'tard
Écœure-moé pas
Mais checke ça

LA MADAME
La folle s'en rend compte
A' sort d'la garderie
A' part à course vers son char
A' voé son char qui vire jacké dans l'banc d'neige

LE PÈRE DE BILLY
Le brigadier
Y m'dit
«Vous avez pas l'droit de filmer»
J'y ai dit en tabarnac
«J'vas filmer si j'veux câlisse!»

LA MADAME
C'est ça qu'y ont dit à radio
A' checke pour voir si la boucane sort pas d'l'egsâs
A' s'dit que si son char marche
Sa p'tite a pas eu l'temps d'avoir frette
Mais a' voit pas d'boucane sortir de l'egsâs
Parce qu'y est bouché par le banc d'neige

LE PÈRE DE BILLY
Faque l'egsâs se vide dans l'char
Écoute-la beugler

LA MADAME
Y ont dit que dans vit' du char
Y avait les traces de mains d'la p'tite
Qui a gratté pour sortir
Mais est attachée dans son siège de char
A' sent l'gaz arriver
Pis a' veut sortir
.
.
C'est poison ça
.
.

LE PÈRE DE BILLY
J'la connais pas moé c'fille-là
A' venait de m'tomber dans face
À cause que j'ai donné une crotte de fromage à Billy

LA MADAME
Pauvre enfant

LE PÈRE DE BILLY
Une crotte de fromage
J'y ai pas donné un sac au complet
C'était pour le féliciter

LA MADAME
Y en a qu'y disent que des fois
Le monde qui s'empoisonnent à ça
Ça peut virer légumes pis pas vite
Pis avoir d'la misère à parler pis toute

LE PÈRE DE BILLY
J'vas élever mes enfants comme j'veux tabarnac

LA MADAME
Voyons donc Jocelyne la justice

LE PÈRE DE BILLY
T'es là toé câlisse
« Pauv' fille
Pauv' fille »
Alle oublie sa p'tite dans l'char l'ostie d'folle
Pis toé
« Pauv' fille
Pauv' fille »
Pis tu m'orgardes comme d'la marde
À cause d'une crotte de fromage

LA MADAME
Y en aura pas
La folle a' va dire qu'y y est passé une bulle dans tête
Pis y vont la renvoyer chez eux
Avec deux-trois Tylénol
Pis six mois de salaire *full* pine
Genre soixante-quinze mille piasses
Pis quand qu'a' va recommencer l'ouvrage
C'est nous autres qui *va* payer
Le maudit préposé qui va essuyer la bave
Qui va couler à journée longue
Su l'bord d'la yeule d'la p'tite
Pour le restant d'ses jours
C'est ça la réalité Jocelyne

LE PÈRE DE BILLY
Je l'sais que c'est pas un déjeuner câlisse!
Va donc chier

LA MADAME
Positive

LE PÈRE DE BILLY
Ghislain
Sandra
Ça faisait longtemps!
Mais on est encore timés!

LA MADAME
Respire

LE PÈRE DE BILLY
Sul coup c'te jour-là
J'ai eu envie de m'sentir coupab'
Tu t'dis
« Si on est pour se faire orgarder d'travers
Parce que le p'tit est dans l'char
On l'fera pus »

LA MADAME
J'espère que l'monde va y penser astheure
Qu'y feront pas comme c'folle-là
Tu laisses pas un p'tit dans l'char
Pis tu t'parkes pas
Avec un char qui vire
Le p'tit tout seul dans l'char

LE PÈRE DE BILLY
On a pris l'service au volant pendant un boutte
Mais astheure
Checke-lé Billy
Y a-tu l'air malheureux?

Oui y est dans l'char
Mais je l'oublie pas
Pis là y a ses nouvelles tounes
Y trippe

LA MADAME
M'as écrire ça sur un tit papier ça
« N'oubliez pas vos enfants dans les chars »
Pis quand j'vas avoir mon babillard
M'as piner ça avec mes tites pinouches
Quand j'vas avoir mon babillard
Oui
Pis j'vas l'avoir

LE PÈRE DE BILLY
Y trippe mais y rushe en ostie
Moé-même
J'la trouve *rough* la nouvelle toune
Bing Bang
Diguedigue Bang
Moé j'invente des mots quand je danse
Diguedigue Bang
Crisse
J'y ai dit
« Billy
Si tu réussis c'boutte-là
On change ta manette qu'y marche encore
Mais qui *shake* pus »
Faut motiver ça un enfant

LA MADAME
J'respecte le monde
C'est à mon tour
J'considère ça comme un manque de respect

LE PÈRE DE BILLY
Une plainte tabarnac?

LA MADAME
T'avais yinque à grouiller
Ton gros cul de gros lard

LE PÈRE DE BILLY
Tu veux j'parde ma job?
J'ai une famille moé crisse
J'ai deux enfants

LA MADAME
À l'ancienneté qu'j'ai
J'mérite mieux qu'ça

LE PÈRE DE BILLY
Le papier de ton ostie d'babillard
Est pogné dans l'système

LA MADAME
Ben oui

LE PÈRE DE BILLY
Informe-toé à cafétéria
Chu allé leur en poser un la semaine passée

LA MADAME
Pas m'ortenir
Mes tites pinouches
T'es aurais dans face

LE PÈRE DE BILLY
Tes tites pinouches
Pis tes tits papiers
Pine-toi les dans l'cul
Pis crisse-moi patience

LA MADAME
Monique
Le cul te rent'-tu toé
Dans un siège de *go-kart*?

LE PÈRE DE BILLY
Go Billy
Go
Fesse sul sumo
Le piton en d'sour
Pis la flèche par en haut
Yeah!
C'est beau mon homme!

LA MÈRE D'ALICE
Alice dort
Ma fille
A' dort
J'espère/
.
.

Fin

La langue de Billy
Lexique et particularités linguistiques

Par Jean-Philippe Boudreau
Octobre 2011

NOTE

La langue utilisée dans la pièce *Billy (Les jours de hurlement)* porte les marques d'une oralité bien déterminée sociologiquement. N'importe quel lecteur québécois pourrait en effet reconnaître – à certains signes du texte – une «parlure» associée généralement aux milieux populaires et peu éduqués (abondance de jurons, nombreux anglicismes, expressions familières, simplifications syntaxiques diverses, etc.). Cette langue, qui n'existe pas réellement à l'écrit, est pourtant une musique bien réelle, un souffle unique qui résonne (ou qui hurle) dans les foyers du petit peuple. La transcription inévitablement artificielle de cette musique pourrait éventuellement contrarier le lecteur étranger ou, du moins, le décontenancer. À l'inverse, un lecteur rompu à ce registre de langue pourrait éventuellement en venir, au fil de sa lecture, à effectuer une sorte de traduction simultanée et ainsi à ne plus voir la singularité de cette forme d'expression. Pour faciliter le décodage du premier lecteur et pour permettre au second de réactualiser sa connaissance du code, l'auteur a jugé bon de joindre à son texte cette petite annexe qui entend clarifier certaines particularités de la langue utilisée dans la pièce. Nous n'avons pas ici la prétention de fournir un traité de linguistique exhaustif faisant état des nombreuses caractéristiques de la langue québécoise des milieux populaires. Le présent document explicite plutôt certains phénomènes récurrents dans cette langue orale et intègre également un lexique offrant la définition des principaux québécismes, anglicismes, néologismes, barbarismes et autres «ismes» du texte.

J.-P.B.

Quelques particularités linguistiques

- **Chute de la particule de négation** : À l'oral, il arrive souvent que le « ne » ne soit pas prononcé. Exemple : « Je dors pas » au lieu de « Je ne dors pas ».

- **Chute de l'article** : À l'oral, il arrive souvent que l'article ne soit tout simplement pas prononcé. Exemple : « J'arrive un matin à garderie » au lieu de « J'arrive un matin à la garderie ».

- **Nombreuses contractions** : À l'oral, certains éléments de la phrase comme le sujet et le verbe tendent à se contracter, c'est-à-dire à se fusionner en une seule unité morphologique. Par exemple, l'expression « je suis », peut devenir tour à tour « j'suis », « chui » et « chu » (simplification progressive). Voici une liste non exhaustive de quelques contractions du texte :

  - « À veuille de » : à la veille de
  - « Bon rien » : bon à rien
  - « C'tu » : est-ce que c'est
  - « Dins » : dans les…
  - « D'sus » : dessus
  - « En d'sour » : en dessous
  - « Entécas » (ou « Entoucas ») : en tout cas
  - « J'suis », « Chu » : je suis
  - « J'pas » : je ne suis pas
  - « J't'ici » : je suis ici
  - « M'as » (ou « J'vas ») : je vais
  - « Oùsque » (ou « Oussé que ») : où est-ce que…
  - « Par zempe » : par exemple
  - « Quequn » ou « Queqchose » : quelqu'un ou quelque chose
  - « Qu'est-ce » (ou « Qu'est-cé ») : qu'est-ce que…

- «Qui c'est»: qui est-ce que...
- «Su» (ou «Sul»): sur le
- «Sua»: sur la
- «Tins»: tiens
- «'tou»: contraction de «itou», pour «aussi». Exemple: «moé 'tou» pour «moi aussi».
- «Toués»: tous les (ex.: «Tous les bords», devient «Toués bords»)
- «Tu seul»: tout seul
- «Tu suite»: tout de suite
- «Yinque»: rien que

➢ **Raccourcissement de certains mots**: En plus des contractions («fusions de mots»), la langue orale abrège de nombreux termes. Voici deux exemples tirés du texte:

- «'ec»: avec
- «ti» (ou tite): petit (ou petite)

➢ **Remplacement du «il», du «lui» ou du «ils» par «y»**: À l'oral, les pronoms personnels «il», «lui», ou «ils» sont souvent prononcés «y». Exemple: «Y neige» au lieu de «Il neige». «Y font des casse-têtes» au lieu de «Ils font des casse-tête». «Ses parents s'amusent à y faire manquer d'air» au lieu de «Ses parents s'amusent à lui faire manquer d'air»

➢ **Remplacement du «elle» par «a'» ou «alle»**: À l'oral, le pronom personnel «elle» est souvent prononcé «a». Exemple: «A' provoque le face à face» au lieu de «Elle provoque le face à face». Devant le verbe «être», le pronom peut parfois même disparaître. Exemple: «Est complètement folle» au lieu de «Elle est complètement folle».

➢ **Remplacement du «ce» par «à»**: À l'oral, le déterminant «ce» est parfois remplacé par «à». Exemple: «À matin» au lieu de «Ce matin».

- **Ouverture des voyelles** : À l'oral, certaines voyelles sont prononcées de façon plus ouverte. Le son « è », par exemple, devient parfois « à ». Ainsi, le verbe « cherche » pourrait se prononcer « charche », le verbe « ferme » pourrait se prononcer « farme ». Dans le texte, le mot « merde » apparaît quelques fois écrit de cette façon : « marde ». La même chose se produit avec le son « i ». Le mot « minute », par exemple, pourrait être prononcé « menute ».

- **Apparition fautive du « tu » dans la forme interrogative** : En calquant l'inversion de la forme interrogative à la deuxième personne du singulier (« Es-tu passé chez-moi ? »), certaines formulations interrogatives à l'oral, même si elles n'impliquent pas la deuxième personne du singulier, reprennent quand même le pronom « tu ». Par exemple : « Il est-tu passé chez-moi ? » (« Est-il passé chez-moi ? ») ou « À tousse-tu » (« Tousse-t-elle ? »). À la deuxième personne du singulier, on retrouve parfois même la répétition du pronom « tu ». Par exemple : « Tu veux-tu m'aider ? ».

- **Prononciation d'un « t » final (existant ou non)** : Pour marquer l'emphase, à l'oral, il arrive que soit prononcé le « t » final de certains mots. Exemple : un « lite » plutôt qu'un « lit », un « boutte » plutôt qu'un « bout ». Il arrive même que le « t » soit prononcé au lieu d'un « d » final ou que le « t » soit ajouté à la fin d'un mot qui ne se termine même pas par une consonne. En voici quelques exemples :

  - **Frette** : Prononciation du mot « Froid »
  - **Icitte** : Prononciation du mot « Ici »
  - **Lette** : Prononciation du mot « Laid »
  - **Nuite** : Prononciation du mot « Nuit »

- **Chute des consonnes finales** : À l'inverse, il arrive que les consonnes finales de certains mots ne soient pas prononcées. Exemple : « Le nomb' » au lieu de « Le nombre». «Coupab'» au lieu de «Coupable». Voici d'autres exemples fréquents dans le texte:

- **Aut'**: pour «autre»
- **Épouvantab'**: pour «épouvantable»
- **Finalisse**: pour «finaliste»
- **Jusse**: pour «juste»
- **Leu**: pour «leur» ou «leurs»
- **Minisse**: pour «ministre»
- **Not'**: pour «notre»
- **Pauv'**: pour «pauvre»
- **Quat'**: pour «quatre»
- **Répond'**: pour «répondre»
- **Resse**: pour «reste»
- **Rent'**: pour «rentre»

➢ **Les finales en «oi» se prononçant «oé» ou «oué»**: À l'oral, certains mots se terminant en «oi» se prononcent «oé» ou «oué». Exemple: «moi», «toi», se prononcent «moé», «toé». «Doit» peut aussi se prononcer «doé» et «voit», se prononcer «voé».

➢ **Apparition du son «or» dans les verbes commençant par «re»**: Voici quelques exemples de mutation du son en question:

- «Ortenir»: retenir
- «Ormette» remettre
- «Orpenser»: repenser
- «Orvenir»: revenir
- «Orgarder»: regarder
- «Ortourner»: retourner
- «Orvirer»: revirer (retourner)
- «Orvoller»: revoler, c'est-à-dire «être projeté» dans les airs.

- «S'orbatte»: se rebattre
- «S'orcule»: se recule
- «S'orlève»: se relève

➢ **Quelques particules fréquentes dans la langue orale**:

- **Ben**: Équivalent de «bien» ou de «Eh bien...».
- **Faque**: ou «Fait que...» Expression propre au langage populaire québécois qui a valeur de conjonction de coordination pour marquer la conséquence ou la conclusion d'un raisonnement. Cette expression équivaut à «donc».
- **Heille**: Interjection. Équivalent québécois du «Hé!» français ou du «Hey!» anglais.
- **Pis**: Expression propre au langage populaire québécois qui exprime, à titre de conjonction, une succession dans le temps. Cette expression équivaut à «puis».
- **Tsé**: Équivalent de «Tu sais...» Expression propre à la langue orale sans réelle valeur sémantique, puisqu'elle est devenue pratiquement un tic de langage.
- **Wô**: Interjection. Arrête-toi, ralentis (tire son origine du cri destiné à faire arrêter le cheval).

Lexique général

- **Affaire** : Mot familier plutôt vague qui équivaut au mot « chose » ou « truc ». Exemple : « Des affaires bizarres » au lieu de « Des choses bizarres ». Dans l'expression « **une affaire comme** », la formulation désigne une « approximation ». Exemple : « Il y avait une affaire comme cinq mille personnes au concert », c'est-à-dire « Il y avait environ cinq mille personnes au concert ».
- **Assire** : Forme fautive pour « asseoir ».
- **Astheure** : Maintenant. Ce mot est issu d'une contraction de l'expression « à cette heure », « à c't'heure », etc.
- **Balayeuse** : Aspirateur.
- **Banc de neige** : Amas de neige entassée par le vent ou par un travail de déneigement ; congère.
- **Barrer** (dans l'expression « barrer la porte » ou « barrer une voiture ») : Verrouiller, fermer à clé ou par un mécanisme quelconque.
- **Bebelle** : Terme dépréciatif pour désigner des objets divers sans valeur.
- **Bec** : Baiser
- **Beigne** : Pâtisserie ayant la forme d'un anneau et faite de pâte sucrée que l'on fait frire.
- **Bibite** : Insecte.
- **Bicyk** (ou **bicycle**) : Bicyclette.
- **Blonde** : Petite amie, amoureuse. Exemple : « Il a présenté sa blonde à ses parents » (« Il a présenté sa petite amie à ses parents. »)
- **Boucane** : Fumée.
- **Bretter** : Perdre son temps ou faire attendre quelqu'un inutilement.
- **Brigadier** : Brigadier scolaire, personne responsable de la sécurité des élèves circulant dans les rues près d'une école.

- **BS** : Acronyme de « Bien-être social », assistance publique et sociale au Québec. On dira « être sur le BS », pour parler de quelqu'un qui bénéficie d'une aide financière de l'assistance sociale. Par extension, on désignera également cette personne comme un « BS ».
- **Cache-cou** : Équivalent de « cache-col », écharpe courte et étroite qui entoure le cou.
- **Caillou** : Personnage de littérature jeunesse duquel existent plusieurs produits dérivés : une série télévisée (dessin animé), des séries de comptines et des livres-audio.
- **Carling** : Marque de commerce d'une bière bon marché.
- **Cégep** : Collège d'enseignement général et professionnel. Institution scolaire québécoise entre le secondaire et l'université.
- **Char** : Automobile.
- **Charrue** : Autre façon de désigner la « déneigeuse », engin mécanique qui sert à déneiger les rues après d'importantes chutes de neige.
- **Chico** : Vient de « chicot », qui désigne le reste d'une branche coupée. Quand on désigne une personne en la qualifiant de « chico », on parle de quelqu'un de petite stature.
- **Clancher** (verbe) : Y aller à fond de train. Ou « se clancher », dans le sens de « se taper », s'offrir (à soi-même) quelque chose à manger, à boire.
- **Commission scolaire** : Au Québec, administration locale dont relèvent les écoles d'une région.
- **Crottes de fromage** : Expression familière pour désigner des croustilles à saveur artificielle de fromage. Ne pas confondre avec « **Fromage en crottes** » : une expression familière pour désigner du fromage en grains.
- **Débarbouillette** : Petite serviette de ratine de coton utilisée pour faire sa toilette.

- **« De même »** : Adverbe québécois de niveau familier qui veut dire « Comme ça », « Ainsi ». Exemple : « On traite pas un enfant de même » au lieu de « On traite pas un enfant comme ça ? ».
- **Dépanneur** : Petit commerce de détail à heures d'ouverture prolongées.
- **Effouèré** (ou « **Effoiré** ») : Écrasé
- **Fesser** : Frapper quelqu'un.
- **Flo** (nom) : Enfant. Exemple : « Elle a trois flos. » (« Elle a trois enfants »).
- **Fourrer** : Avoir des relations sexuelles avec quelqu'un.
- **Garderie** : Établissement spécialisé où l'on garde des enfants en bas âge. Synonyme de « jardin d'enfants ».
- **Garrocher** : Lancer, jeter. On peut aussi « se garrocher sur... », c'est-à-dire se « précipiter sur quelque chose ». On peut également « se garrocher dans... », c'est-à-dire s'engager dans quelque chose.
- **Gastro** : Gastro-entérite. Inflammation aiguë des muqueuses de l'estomac et de l'intestin.
- **Honey Combs, Froot Loops, Sugar Crips** : Marques commerciales de céréales américaines.
- **Itou** : Aussi.
- **Jaser** : Causer, discuter.
- **Légume** : (Dans le texte : « virer légume »). Personne qui est dans le coma, qui ne vit plus qu'à l'état végétatif.
- **Linge** : Terme générique pour désigner les vêtements. « Du linge ».
- **Lunch** : Repas que l'on apporte au travail, à l'école.
- **Manettes de la X (les)** : Les manettes d'une console de jeu vidéo (X-Box).
- **Mitaines** : Moufles, c'est-à-dire une pièce de vêtement épaisse recouvrant la main en ne séparant que le pouce, destinée à protéger la main du froid.

- **Niaiser** (**quelqu'un**) : Se moquer de quelqu'un, le ridiculiser.
- **Orthothérapeute** : Déformation d'« orthopédagogue », spécialiste offrant un soutien aux élèves en difficulté d'apprentissage.
- **Ouin** (ou « **oué** ») : Prononciation québécoise d'un « oui » peu convaincu, équivalent de « ouais ».
- **Pantoute** : Pas du tout. Mot issu de la contraction de l'expression « pas en tout ».
- **Passe** (nom féminin) : Dans l'expression « une passe d'autobus », le mot « passe » est un dérivé fautif de l'anglais « pass » qui signifie « laissez-passer ».
- **Pâte à dents** : Pâte dentifrice (calque de l'anglais : tooth paste)
- **Piasses** : Dollars (unité monétaire).
- **Piner** (verbe) : Punaiser (fixer à l'aide de punaises). Le terme peut également être utilisé de façon vulgaire, pour désigner l'acte sexuel, plus précisément la pénétration.
- **Pinouche** : Punaise (pour fixer un papier sur un babillard).
- **Piton** : Bouton utilisé pour actionner manuellement un mécanisme ou un appareil. Exemple : « Le piton de la télécommande ».
- **Planter** (**se**) : Tomber brutalement, rater, ou, pour une voiture, effectuer une sortie de route.
- **Platte** : Ennuyeux, monotone.
- **Poche** : Se dit d'une personne dont la performance est nulle (Exemple : « T'es ben poche »). Par extension, une personne médiocre.
- **Pouce** : Mesure anglo-saxonne valant 2,54 cm.
- **Pogné** : Coincé, pris, collé, emmêlé (Exemple : « Une voiture pognée dans la neige. »). On peut aussi « pogner » la grippe, dans le sens « d'attraper » la grippe. On peut

par ailleurs « être pogné » pour faire quelque chose, c'est-à-dire « être forcé » de faire quelque chose. Par extension, on peut dire de quelqu'un qu'il est « pogné », c'est-à-dire qu'il est timide, complexé, inhibé, coincé (Exemple : « Il est plutôt pogné, ton ami ; il n'a pas ouvert la bouche de la soirée. »)

- **Poqué** : Abîmé.
- **Red Bull** : Marque commerciale d'une boisson énergisante à base de caféine.
- **Slotche** : Mélange de neige fondante, de sable et de sels abrasifs qui se forme l'hiver sur la chaussée et les trottoirs.
- **Souper** : Repas du soir.
- **Tableau** : Le mot est parfois utilisé pour désigner un « niveau » dans un jeu vidéo. Une partie du jeu vidéo qui est dotée d'une certaine unité narrative.
- **Taponnage** : Action de **taponner**, c'est-à-dire d'hésiter longuement avant de se décider à faire quelque chose ou de perdre beaucoup de temps dans l'exécution d'une action.
- **Température** : Utilisé dans le sens du « temps qu'il fait ». Exemple : « On annonce une belle température » au lieu de « On annonce du beau temps ».
- **Temps triple** : Heures supplémentaires effectuées dans un travail et payées trois fois le tarif horaire régulier.
- **Tuque** : Bonnet de laine à bords rabattus, parfois surmonté d'un pompon.
- **UFC One** : Ultimate Fighting Championship®, Championnat de combats ultimes (lutte organisée).
- **Urgence** : Dans la phrase « aller à l'urgence », le terme désigne la salle d'urgence, la section de l'hôpital où l'on traite les urgences.
- **Winnie the Pooh** : Personnage de dessin animé.

Lexique de certains anglicismes

- **Anyway**: Expression tirée de l'anglais signifiant «de toute façon» ou «peu importe».
- **Batch** (nom féminin) : Une certaine quantité.
- **Beef**: Terme anglais pour «bœuf». Quand on désigne quelqu'un en le qualifiant de «beef», on parle de quelqu'un de forte stature.
- **Best of** (nom masculin) : Compilation musicale.
- **Break** (nom) : Pause. Interruption momentanée d'un travail, d'une activité, généralement pour se reposer.
- **Cartoons** (nom) : Cartouches de cigarettes. Emballage comprenant plusieurs paquets de cigarettes.
- **Cash** (nom) : Argent.
- **Catcher** (verbe) : Anglicisme dérivé du verbe «*To catch*» : attraper dans le sens de saisir, comprendre.
- ***Coat* de la *soute*** (nom) : Le manteau («coat») faisant partie d'un habit («suit») de neige. Vêtement que l'on porte pour se protéger du froid.
- **Cold** (nom) : Anglicisme dérivé du nom «Cold-Chamber» : Chambre froide où l'on conserve la bière dans les épiceries et commerces de détail.
- **Checker** (ou **Tchecker**) (verbe) : Anglicisme dérivé du verbe «*To check*» : vérifier, regarder.
- **Cheap** (adjectif) : Mot anglais servant à désigner quelqu'un d'avare, de radin ou (au sujet d'une chose), un objet sans valeur, de mauvaise qualité, de pacotille. Par ailleurs, «se sentir cheap» équivaut à «se sentir mal à l'aise».
- **Chips** (nom) : Croustilles.
- **Cute** (adjectif) : Terme anglais utilisé pour désigner quelque chose de «mignon».
- **Donut** (nom) : Terme anglais signifiant «beignet». Utilisé parfois comme diminutif de Dunkin' Donuts, chaîne de beignerie populaire en Amérique.

- **Egsâs** (nom) : Anglicisme dérivé du nom « Exhaust » pour désigner le tuyau d'échappement d'une voiture ou le gaz d'échappement lui-même.
- **Flasher** (verbe) : Anglicisme dérivé du verbe « *To flash* » : scintiller ou vouloir bien paraître.
- **Flasheur** (nom) : Anglicisme dérivé du nom « Flasher » : feu clignotant de la voiture.
- **Freakant** (adjectif) : Anglicisme dérivé de l'adjectif « Freaking », équivalant de « flippant », « inquiétant ».
- **Full** (verbe) : Remplir. Dans le texte, l'expression « **Full pine** » apparaît également et sert à marquer l'emphase. Joue le rôle de l'expression « la totale » : porté au plus haut degré, dans son intégralité, au maximum, etc.
- **Fun** (nom) : Plaisir. Souvent utilisé dans l'expression « avoir du fun », c'est-à-dire « avoir du plaisir ».
- **Gaz** (nom) : Anglicisme pour désigner l'essence, le carburant liquide de la voiture.
- **Go-kart** (nom) : Petit véhicule automobile monoplace de compétition, ne comportant ni carrosserie ni suspension.
- **Gyprok** (nom) : Marque commerciale utilisée pour désigner le carton-plâtre (placoplâtre).
- **Jacké** (adjectif) : Anglicisme dérivé du nom anglais « jack », qui désigne un cric. L'adjectif qualifie quelque chose de surélevé, de soulevé. Exemple : « Une voiture jackée dans le banc de neige », c'est-à-dire « une voiture surélevée par la neige ».
- **Jammer** (verbe) : Anglicisme dérivé du verbe « To jam » : « rester pris dans quelque chose... »
- **Job** (nom) : Anglicisme fréquent pour parler d'un emploi, d'un travail. Notez qu'au Québec, « job » est féminin (on dit « une job »), alors qu'ailleurs dans la francophonie, on dit « un job ».
- **Looser** (nom) : Terme anglais qui signifie « perdant ».

- **Parker** (verbe) : Se garer, se stationner.
- **Pick-up** (nom) : Terme anglais pour désigner les camionnettes munies de quatre roues motrices.
- **Rays** (nom) : Dans le texte, il est fait mention des «rays du bicyk». Il s'agit des rayons d'une roue de bicyclette (pièces métalliques qui relient le moyeu à la jante de la roue).
- **Ronne** (nom) : Anglicisme dérivé de «run». Une tournée, dans le sens d'un trajet régulier fixé d'avance. Par extension, le terme peut désigner tout trajet d'une certaine longueur.
- **Ride** (nom) : Un tour, un trajet. Dans l'expression «une ride de voiture», on signifie «un tour de voiture».
- **Rough** (adjectif) : Terme anglais signifiant «difficile», «ardu».
- **Rusher** (verbe) : Anglicisme dérivé du verbe «To rush». Avoir de la difficulté. Fournir beaucoup d'effort.
- **Shaker** (verbe) : Anglicisme dérivé du verbe «To shake» : brasser, remuer.
- **Shape** (nom) : Terme anglais servant à désigner la stature, la carrure de quelqu'un.
- **Shiné** (adjectif) : Anglicisme dérivé de l'adjectif «Shiny» : brillant, luisant.
- **Skate** (nom) : Anglicisme dérivé du nom «Skateboard» : planche à roulettes.
- **Speedé** (adjectif) : Anglicisme dérivée de l'adjectif «Speeded» : accéléré et par extension, énervé.
- **Start** (verbe) : Terme anglais pour signifier «démarrer», «débuter».
- **Strap** (nom) : Courroie.
- ***Tapes*** (nom) : Dans le texte, on parle plus spécifiquement de «*tapes* de billets de ski». On fait ici référence à la bande adhésive qui sert à identifier les usagers d'un

centre de ski, bande que l'on accroche généralement sur l'embout de la fermeture à glissière du manteau.

- **That's it** (expression) : Expression tirée de l'anglais utilisée de manière emphatique pour conclure un propos. Équivalent de « c'est tout ».
- **Timé** (adjectif) : Anglicisme dérivé de l'adjectif « timed », qui signifie « chronométré », « coordonné dans le temps ».
- **Tink** (nom) : Anglicisme dérivé du nom « Tank » : réservoir (d'essence, dans le cas d'une voiture).
- **Toune** (nom) : Anglicisme dérivé du nom « Tune », chanson, air, refrain.
- **Tripper** (verbe) : Anglicisme dérivé du verbe « To trip » : Éprouver un vif plaisir.
- **Truck** (nom) : Terme anglais pour désigner un camion.
- **Vanne** (nom féminin) : Anglicisme dérivé du mot « van », qui signifie « fourgonnette », « camionnette » ou « semi-remorque ».
- **Windsheil** (nom) : Anglicisme dérivé du nom « windshield », désignant le pare-brise d'une voiture.
- **Zippeur** (nom) : Anglicisme dérivé du nom « Zipper », fermeture à glissière (fermeture éclair).

Lexique des insultes et des jurons

La langue québécoise abonde en insultes imagées et en jurons colorés. Les jurons sont le plus souvent des termes hérités du patrimoine religieux qui avaient, à une certaine époque, une valeur blasphématoire.

- **Câlisse**: [issu du mot «calice»]: Juron grossier qui, comme tous les jurons québécois, peut avoir différentes fonctions dans la phrase (employé seul comme marque d'expressivité, employé comme adjectif pour qualifier un terme déprécié dans la phrase, etc.). On peut aussi l'utiliser comme verbe. Il prend alors différents sens selon la formulation. Exemple: «Je m'en câlisse»», ce qui veut dire «Je m'en fous». Ou «Câlisser un coup de poing», ce qui veut dire «Envoyer un coup de poing.» Il est alors plus ou moins équivalent au verbe «foutre». On peut aussi «être en câlisse», ce qui veut dire «être en colère».
- **Calvaire**: Juron encore issu du patrimoine religieux.
- **Cave**: Stupide.
- **Ciboire**: Juron également issu du patrimoine religieux.
- **Crisse**: [issu du mot «Christ»]: Juron grossier qui, comme tous les jurons québécois, peut avoir différentes fonctions dans la phrase (employé seul comme marque d'expressivité, employé comme adjectif pour qualifier un terme déprécié dans la phrase, etc.). On peut aussi «être en crisse», ce qui veut dire «être en colère». Ou «crisser après quelqu'un», ce qui veut dire «engueuler quelqu'un».
- **Épais**: Stupide.
- **Gros lard**: Homme très gros.
- **Innocent**: Sot, écervelé.
- **Maudine**: Juron inoffensif dérivé du terme «maudit».
- **Mongol**: Imbécile, fou, dérangé (expression diffamatoire).

- **Moron** : Personne idiote.
- **Niaiseux** (féminin : **niaiseuse**) : Stupide.
- **Ostie** : [peut aussi être décliné « hostie », « stie », « s'tie » ou « estie »] : Juron grossier qui, comme tous les jurons québécois, peut avoir différentes fonctions dans la phrase (adjectif pour qualifier un terme déprécié dans la phrase ou nom commun pour désigner quelqu'un qu'on insulte). Comme pour le mot « crisse », on peut aussi « être en ostie », ce qui signifie également « être en colère ».
- **Pas vite** (**un** ou **une**) : Retardé (mental).
- **Pincé** ou **pincée** : Snob, hautain.
- **Sans dessein** : Stupide.
- **Tabarnac** : [issu du mot « tabernacle »] : Juron grossier qui, comme tous les jurons québécois, peut avoir différentes fonctions dans la phrase (employé seul comme marque d'expressivité, employé comme adjectif pour qualifier un terme déprécié dans la phrase, etc.). Comme pour le mot « crisse » et « ostie », on peut « être en tabarnac », ce qui signifie également « être en colère ».
- **Tabarouette** : Juron plutôt inoffensif remplaçant « tabarnac ».
- **Tapette** : Terme dépréciatif pour désigner un homosexuel mâle.
- **Torche** : Souvent précédé de l'adjectif « grosse », ce terme est essentiellement utilisé pour injurier une femme.
- **Yeule** : Prononciation grossière du mot « gueule ».

Quelques expressions idiomatiques

- «**À cause que...**»: Forme vieillie de «Parce que».
- «**Au boutte**»: Expression qui sert à mettre de l'emphase. Équivalent de «vraiment beaucoup». Exemple: «Il la surveille au boutte.» au lieu de «Il la surveille vraiment beaucoup (ou de très près).»
- «**Au plus tabarnac**» (ou «au plus crisse»): Au plus vite.
- «**Avoir le motton**» (dans le texte, on lira «y a le moton»): Avoir la gorge serrée par l'émotion.
- «**Ça coûte un méchant bras**»: Ça coûte très cher.
- «**Ça-doit-faire-dix-ans-j'ai-pas-fourré-faque-chu-fru-d'la-vie**»:Ça-doit-faire-dix-ans-que-je-n'ai-pas-baisé-donc-je-suis-frustré-de-la-vie.
- «**Ça s'orlève pas su un dix cennes**» («ça ne se relève pas sur un dix cents»): Ça ne se relève pas facilement.
- «**Comme du monde**» (par exemple, dans l'expression «traiter quelqu'un comme du monde»): Convenablement (traiter quelqu'un convenablement).
- «**Crisse-moé patience**» (ou «**sacrer patience à quelqu'un**»): Laisser quelqu'un tranquille. Lui «foutre la paix».
- «**En masse de...**»: Beaucoup de...
- «**En avoir ras le pompon**»: En avoir assez.
- «**Être sur la coche**» (dans le texte, on lira: «Sont sua coche»): Calque d'une expression tirée de l'anglais: «on the cutting edge», qui signifie «à la fine pointe» et, par extension, caractérise quelque chose de «bien», de «performant», «d'efficace».
- «**Gars de la ville**»: Expression familière pour désigner un employé de la voirie.
- «**Gros comme le bras**»: De façon évidente ou exagérée.
- «**J'ai mon maudit voyage**» («**avoir son voyage**»): Être exaspéré «Il a son voyage de l'école.» L'expression

peut également être utilisée comme phrase exclamative servant à exprimer l'étonnement, la surprise, l'incrédulité.

- «**Laisser le char virer**»: Expression qui signifie: «Laisser le moteur d'une voiture rouler alors que cette dernière est arrêtée».
- «**Mettre en maudit**»: Choquer quelqu'un, le mettre dans un état de frustration.
- «**Ne pas se prendre pour une merde**»: Dans le texte, cette expression apparaît sous cette forme: «J'me prends pas pour d'la marde.». Elle signifie que la personne se considère comme une personne importante.
- «**Pelleter le char**»: Dans le texte, cette expression apparaît sous cette forme: «J'pelte l'char». Elle signifie «enlever de la neige accumulée sur une voiture avec une pelle ou un balai.»
- «**Pognage de cul**»: Pour désigner le fait de se «pogner le cul», c'est-à-dire de ne rien faire.
- «**Prendre son gaz égal**»: Ne pas s'énerver, garder son calme.
- «**Sacrer là quelque chose**»: Se débarrasser de quelque chose ou de quelqu'un. Dans le texte, cette expression apparaît sous cette forme: «Ils ont l'air contents de l'sacrer là». Elle signifie «Ils ont l'air contents de se débarrasser de lui.» On retrouvera également l'expression «**Se sacrer de quelque chose**», équivalant à «se foutre de quelque chose», «s'en moquer». Finalement, on utilisera le même verbe pour dire «foutre une raclée». Par exemple, on peut dire «**sacrer un coup de poing**». Dans ce contexte, on peut aussi remplacer le verbe «sacrer» par certains jurons, comme «câlisse» (calice), qu'on décline alors comme un verbe: «**câlisser un coup de poing**».
- «**Sur le bras de quelqu'un**»: Payé par quelqu'un (le fait qu'une somme d'argent soit assumée par une personne). Exemple: «Je m'occupe de l'addition, c'est sur mon bras.»

Table

AUSSI CHEZ DRAMATURGES ÉDITEURS

24 poses, de Serge Boucher
38 (A, E, I, U, O), collectif de 38 auteurs en cinq tomes
À présent, de Catherine-Anne Toupin
Antarktikos, de David Young
Au champ de Mars, de Pierr-Michel Tremblay
Avaler la mer et les poissons, de Sylvie Drapeau et Isabelle Vincent
Avec Norm, de Serge Boucher
Barbe-Bleue, de Isabelle Cauchy
Beauté intérieure, de Olivier Choinière
Blue Bayou, la maison de l'étalon, de Reynald Robinson
Caravansérail, de Robert Claing
Cette fille-là, de Joan MacLeod
Chaque jour, de Fanny Britt
Cheech, de François Létourneau
Chroniques du dépanneur, de Martin Boisclair
Circus minimus, de Christian Bégin
Code 99, de François Archambault
Coin Saint-Laurent, collectif d'auteurs
Coma unplugged, de Pierre-Michel Tremblay
Conte de la Lune, de Philippe Soldevila
Couteau, de Isabelle Hubert
Cyberjack, de Michel Monty
Délit de fuite, de Claude Champagne
Dits et Inédits, en 4 tomes, de Yvan Bienvenue
Écritures pour le théâtre, en 3 tomes, de Jean-Pierre Ronfard
Enquête sur le pire, de Fanny Britt
Excuse-moi, de Serge Boucher
extasy_land.com, de Jean-Frédéric Messier
Félicité, de Olivier Choinière
Floes et *D'Alaska*, de Sébastien Harrisson
Game, de Yves Bélanger
Gaëtan, de Marcel Pomerlo
Ginkgo et la jardinière, de Jasmine Dubé
Glouglou, de Louis-Dominique Lavigne
Gros et Détail, de Anne-Marie Olivier
Hôtel Pacifique, de Fanny Britt
Hypatie ou La mémoire des hommes, de Pan Bouyoucas
Isberg, de Pascal Brullemans
Je voudrais crever, de Marc-Antoine Cyr
Jusqu'au Colorado, de Jérôme Labbé
Jocelyne est en dépression, de Olivier Choinière
King Dave, d'Alexandre Goyette
L'Enclos de l'éléphant, de Étienne Lepage

L'homme des tavernes, de Louis Champagne
L'hôtel des horizons, de Reynald Robinson
L'humoriste, de Claude Champagne
L'Iliade d'Homère, de Alexis Martin
L'Odyssée, de Dominic Champagne et Alexis Martin
Là, de Serge Boucher
La nostalgie du paradis, de François Archambault
La nuit où il s'est mis à chanter, de Claude Champagne
La Raccourcie, de Jean-Rock Gaudreault
La salle des loisirs, de Reynald Robinson
La société des loisirs, de François Archambault
La terre est tellement grande, de Margaret McBrearty
La terre tourne rondement, de Marie-Line Laplante
La traversée, de Jean François Casabonne
La vie continue, de Yvan Bienvenue
Laguna beach, de Raymond Villeneuve
Le bain des raines, de Olivier Choinière
Le chant de Georges Boivin, de Martin Bellemare
Le défilé des canards dorés, de Hélène Mercier
Le fou de Dieu, de Stéphane Brulotte
Le lit de mort, de Yvan Bienvenue
Le long de la Principale, de Steve Laplante
Le mutant, de Raymond Villeneuve
Le périmètre, de Frédéric Blanchette
Le psychomaton, de Anne-Marie Olivier
Le soir de la dernière, de Isabelle Doré
Le sourire de la morte, de André Ducharme
Les apatrides, de Marilyn Perrault
Les bonbons qui sauvent la vie, de Serge Boucher
Les disparus, de Marie-Christine Lê-Huu
Les enfants d'Irène, de Claude Poissant
Les exilés de la lumière, de Lise Vaillancourt
Les flaques, de Marc-Antoine Cyr
Les frères Laforêt, de François Archambault
Les gymnastes de l'émotion, de Louis Champagne et Gabriel Sabourin
Les huits péchés capitaux, collectif d'auteurs
Les mauvaises herbes, de Jasmine Dubé
Les zurbains, collectif d'auteurs
Les zurbains en série, 2 tomes, collectif d'auteurs
Lionel, de Pan Bouyoucas
Me, myself et moi-même, de Stéphane E. Roy
Mika, l'enfant pleureur, de Pascal Chevarie
Mon corps deviendra froid, de Anne-Marie Olivier

Mort de peine, de Yvan Bienvenue
Motel Hélène, de Serge Boucher
Mycologie, de Stéphane Crête
Natures mortes, de Serge Boucher
Nocturne, de Pan Bouyoucas
Nuit de chasse, de Micheline Parent
Œdipe à Colone de Sophocle, de Marie Cardinal
Pierre-Luc à Isaac à Jos, de Cédric Landry
Porc-épic, de David Paquet
Pur chaos du désir, de Gilbert Turp
Qu'est-ce qui reste de Marie-Stella ?, de Simon Boulerice
Rearview, de Gilles Poulin-Denis
Romance et Karaoké, de Francis Monty
Rouge Gueule, de Étienne Lepage
Sacré cœur, de Alexis Martin et Alain Vadeboncœur
Sauce brune, de Simon Boudreault
Scotstown, de Fabien Cloutier
Soupers, de Simon Boudreault
Stanislas Walter LeGrand, de Sébastien Harrison
Stampede, de François Létourneau
Tavernes, de Alexis Martin
Texas, de François Létourneau
Tout est encore possible, de Lise Vaillancourt
Toxique ou L'incident dans l'autobus, de Greg MacArthur
Transmissions, de Justin Laramée
Tsuru, de Anne-Marie Théroux
Un éléphant dans le cœur, de Jean-Frédéric Messier
Untempsdechien / Piégés, de Alex Johnston / Pol Mag Uidhir
Une histoire pour Édouard, de Lise Vaillancourt
Une maison face au nord, de Jean-Rock Gaudreault
Une partie avec l'Empereur, de Stéphane Brulotte
Une tache sur la lune, de Marie-Line Laplante
Unity, mil neuf cent dix-huit, de Kevin Kerr
Venise-en-Québec, de Olivier Choinière
Wulustek, de Dave Jenniss

DANS LA COLLECTION *DIDASCALIES*

De l'improvisation et de la tactique du jeu, de Marc Doré
Post-scriptum, de Jean-Claude Coulbois et René-Daniel Dubois
Traces, Théâtre Bouches Décousues 25 ans, de Théâtre Bouches Décousues
30 ans, 30 mouvements, de DynamO Théâtre
Voir de l'intérieur, de Martine Beaulne et Sylvie Drapeau

MIXTE
Papier issu de
sources responsables
FSC® C100212

Achevé d'imprimer
en octobre deux mille vingt, sur les presses
de l'imprimerie Gauvin, Gatineau, Québec